Kröten, Kult und Kaffeekrieg

IMPRESSUM

© Joh. Heider Verlag GmbH, Bergisch Gladbach, 2012

Redaktion:
Karin Grunewald, Holger Bieber

Fotos:
Privat, Stadtarchiv Bergisch Gladbach

Gesamtherstellung:
Heider Druck GmbH, Bergisch Gladbach

Für den Tatsacheninhalt der Beiträge
haften die Verfasser.

Nachdruck nur mit Genehmigung
des Verlages und Quellenangabe

ISBN: 978-3-87314-471-2

Kröten, Kult und Kaffeekrieg

Anekdoten aus dem alten Gladbach

Gesammelt und herausgegeben von Patrick Duske

Inhaltsverzeichnis

Patrick Duske: Wie alles begann	7
Klaus-Martin Menkhoff: Der Kaffee-König von Bergisch Gladbach	10
Willi Sahler: Als die Milch noch aus dem Bergischen kam	15
Alfred Hanson: Der verhinderte Prinz und sein Ballon	20
Udo Güldenberg: Der Mörder mit dem Kümmerling	24
Rüdiger Ceranski: 100 000 Quadratmeter in zehn Tagen	29
Bernd Mathies: Keine Geld-Zurück-Garantie bei Fröschen	33
Burkhardt Unrau: Ein Aussteiger, der wieder einstieg	38
Norbert und Horst Becker: Der Schuldner, der mit einer Idee bezahlte	43
Martin Winkel: Millionen mit Brötchen verdient	48
Herbert Ernst: Zum Kirche streichen die falsche Religion	52
Die Brüder Linzenich: Schluckimpfung in der Mucki-Bude	56
Maria Theresia Opladen: Das verschlossene Schloss	61
Fritz Antoni: Ein Porsche namens Ferdinand	64
Annegret Fleck: Der Wettkönig der AOK	69
Manfred Wrana: Tatort Bergisch Gladbach	75
Gisbert Schweizer: Als in Gladbach die Lichter ausgingen	80
Siegfried Bluhm: Der singende Maler	84
Die Labbese: Bombendrohung in der Tiefgarage	88
Peter Rodenbach: Ein Elektriker als Weihnachtsmann	93
Günter Barth: Durch nichts zu erschüttern	97
Ingbert Kolfenbach: Als Puschkin auf Reisen ging	101
Ludwig Peter Krämer: Die Säulen des Busbahnhofs	106
Markus Lüttgen: Der zersplitterte Wartburg	110
Peter Servos: Eine Million Mark in der Tragetasche	115
Patrick Duske: Brillante Ideen und Tränen der Verzweiflung	118
Ilias Kiriakidis: Ein Hanomag als Crêpes-Mobil	123
Holger Bieber: „Mittendrin statt nur dabei"	128

PATRICK DUSKE

Wie alles begann
Ein Wort vorweg

Warum gibt es dieses Buch? Als 2012 das 50-jährige Jubiläum der Firma Duske nahte, begann ich zu recherchieren: Über die Gründung, die Geschichte und die Geschichten der Firma, die mein vor zweieinhalb Jahren verstorbener Vater gegründet hat. Wäre das alles so einfach gewesen wie gedacht, gäbe es dieses Buch vermutlich nicht. War es aber nicht. In der Erinnerung der Weggefährten meines Vaters und sogar meiner Mutter begannen die Jahre bereits zu verblassen, wurde das Gestern überlagert von all den neuen Erlebnissen des Heute.

Das hat mich nachdenklich gemacht. Wo bleibt all das, was früher mal wichtig, lustig, traurig oder einfach normal war? Diese Geschichten und Anekdoten, die niemals Eingang in ein Geschichtsbuch finden würden? Sie sind einfach weg, vergessen für alle Zeiten. Ich fand das sehr schade. Ich wollte, dass die Generation meiner Kinder und deren Nachkommen erfahren sollte, wie es sich lebte und arbeitete, als es noch keine Mobiltelefone gab, kein Internet, keine Mails und kein Facebook. Wir gingen mit unseren Aufträgen noch zum Briefkasten, später zum Fax. Mit dem Overhead-Projektor bewunderten wir Folien an den

Helmut Duske mit Ehefrau Christel und Sohn Patrick, 1992.

Wänden. Und – schwer vorstellbar heute – es hat gut funktioniert.

Ich wollte plötzlich etwas haben, das bleibt. Etwas, das die Erinnerung bewahrt. Etwas wie ein Buch. Mit dieser Idee ging ich zu meinem befreundeten Jung-Unternehmerclub-Kollegen Hans-Martin Heider. Nach einem intensiven Gespräch in seinem Verlag war klar, wohin die Reise gehen sollte. Ich gewann meinen Freund, den Sportjournalisten Holger Bieber, für das Projekt, und Hans-Martin Heider stellte uns die freie Journalistin und Autorin Karin Grunewald zur Seite. Nun stand das Team.

DIE „MACHER" DES BUCHES

Um es vorwegzunehmen: Was letztendlich dabei herausgekommen ist, übertraf alles, was ich mir vorher überlegt hatte. 26 Unternehmer, Freunde und Familienangehörige, viele davon Weggefährten meines Vaters, begeisterten sich spontan für das Projekt und kramten gerne in ihrer Vergangenheit. Es ging bei Weitem nicht nur um die Einführung von Faxgeräten. Herausgekommen ist ein Stück Bergisch Gladbacher Zeitgeschichte, das nicht nur informiert, sondern auch zum Nachdenken anregt, das emotional ist und häufig genug auch ungemein witzig.

Ich spürte schnell, dass alle, die uns aus ihrem Leben erzählten, „Macher" sind. Menschen, die etwas bewegen und riskieren, aber auch gerne helfen. Ich könnte alle hervorheben, aber das würde den Rahmen sprengen. Deshalb möchte ich an dieser Stelle nur zwei erwähnen. Zum einen Willi Sahler, der mit 87 Jahren der älteste Autor dieses Buches ist und einer der ersten Kunden meines Vaters war. Er lieh meinem Vater in den Anfangsjahren auch schon mal Geld für die Löhne; für mich eine dieser besonders schönen Geschichten, denn es entwickelte sich daraus eine lebenslange Freundschaft. Zum anderen Martin Winkel, der ganz oben angekommen war und dann alles verloren hat. Ohne diesen Mann wäre ich nicht der, der ich heute bin. Er vergab in der Zeit unserer größten Expansion Aufträge an uns, mit denen wir Erfahrungen in einer Sparte sammeln konnten, die heute eines der größten Standbeine meiner Firma ist: Großbaustellen und Ladenbau, heute Restaurant-Ketten.

Das Projekt und auch unser Team wuchs mit den ersten Geschichten immer enger zusammen, und wir motivierten uns gegenseitig. Ich kann mich an Situationen erinnern, wo ich mit Holger im Büro stand, und wir uns ob der geilen Berichte abklatschten. Karin Grunewald schrieb uns immer wieder Mails, wie wichtig dieses Buch sei und wie sehr sie die einzelnen Geschichten berühren würden – manchmal bis zum „verdrückten Tränchen".

Manche der Geschichten standen damals in der Presse, manche sind sehr privat, und alle erzählen von einem Bergisch Gladbach, das viele nicht mehr kennen. Es geht um die Erinnerung, aber auch um den Vergleich mit heute. Und letztlich geht es auch um Werte und den Umgang miteinander. In diesem Sinne noch ein paar Worte in eigener Sache:

Von meinen 32 Berufsjahren waren die letzten 25 Jahre geprägt von viel

PATRICK DUSKE

Arbeit und sehr wenig Freizeit. Ich musste auf viele schöne Dinge verzichten. Ich bin mir darüber bewusst, dass man im Leben nur weiterkommt, wenn man mehr macht als andere. Besonders mit meinem Werdegang war das nicht immer einfach. Doch nach Hauptschule, Lehre und abschließender Meisterprüfung, habe ich nun etwas erreicht, auf das ich stolz bin.

ARBEITEN UM ZU LEBEN

Mein Vater hat mich geprägt, sei es, weil ich für mein Fahrrad eine Werkstatt streichen musste, oder er mir von meinem wenigen Lehrlingslohn noch Geld für einen Bausparvertrag abnahm, von dem ich aber Jahre später mein eigenes Haus erstehen konnte. Und ich habe heute noch seine Worte im Ohr, die er zu mir sagte, wenn Unannehmlichkeiten anstanden: Kein Problem Junge! War das Kind mal in den Brunnen gefallen, baute er mich neu auf mit den Worten: Das kriegen wir schon hin. Diese Einstellung habe ich übernommen, und ich komme damit sehr gut zurecht.

Mein Vater hat mit 14 Jahren angefangen zu arbeiten und damit bis zu seinem 70. Lebensjahr, kurz vor seinem Tod, auch nicht mehr aufgehört. Er hatte immer viel Spaß an der Arbeit. Doch ich stehe heute an einem Punkt, an dem ich zwar gerne auf die alten Zeiten zurückblicke, aber auch andere Ziele im Kopf habe. Ich möchte mein Leben bewusster erleben und endlich die Zeit mit den Dingen verbringen, die mir noch wichtiger sind. Ich möchte mehr Zeit mit meinen beiden wundervollen Töchtern verbringen, denn sie sind das Beste und Wertvollste für mich. Die Zeit vergeht viel zu schnell. Ich habe ständig das Gefühl, dass nach Weihnachten schon Sommer ist und man kurz darauf schon wieder unterwegs ist, um Weihnachtsgeschenke zu kaufen. Das Motto sollte daher sein: „Nicht leben um zu arbeiten, sondern arbeiten um zu leben!"

Ich hoffe, dass Sie beim Lesen dieses Buches so begeistert sind und so viel Spaß haben wie unser Team es beim Verfassen hatte. Ich bedanke mich ganz herzlich bei allen, die bei meiner verrückten Idee mitgemacht haben und entschuldige mich, wenn ich jemandem auf den Wecker gefallen bin. Ohne euch hätte es dieses Buch nicht gegeben!

Patrick Duske

KLAUS-MARTIN MENKHOFF

Der Kaffee-König von Bergisch Gladbach
Ein Fahrrad-Fachhändler schreibt Marketing-Geschichte

Als „Kaffee-König" ging Klaus-Martin Menkhoff in die Schlagzeilen der lokalen wie überregionalen Presse ein. Dabei hatte Menkhoff einen Fahrrad-Fachhandel. Der gewitzte Unternehmer erlebte nicht nur Bergisch Gladbacher Anekdoten – er schrieb sie selbst. Als er Anfang der Sechzigerjahre in das 1897 von Gustav Heinrich Meyer gegründete Geschäft „Fahrrad-Meyer" einheiratete, wusste er weder viel von den dort verkauften Fahrrädern und Nähmaschinen noch von der Gladbacher Geschäftswelt. Doch an Unternehmergeist und Kreativität fehlte es ihm nicht. Immer wieder machte er mit originellen Aktionen auf sich und seine Fahrräder aufmerksam.

FUSSGÄNGERPARADIES STATT -ZONE

1975 sollte der Autoverkehr aus der Bergisch Gladbacher Innenstadt verbannt werden. Die Stadt wollte eine Fußgängerzone erschaffen. Noch heute kann sich der pensionierte Geschäftsmann über diese Bezeichnung trefflich aufregen. „Damals gab es noch die Ost-Zone", sagt er, „und das war für mich immer schon ein ganz schlimmes, fürchterliches Wort!" Menkhoff wehrte sich, schlug erst „Fußgängerbereich" vor und startete dann gar eine Werbekampagne für ein „Fußgängerparadies". Doch das Paradies blieb ihm, was den Standort seines Geschäftes anging, verwehrt. Die „Zone" setzte sich nicht nur in Gladbach, sondern deutschlandweit durch.

KAFFEE-KRIEG IN BERGISCH GLADBACH

Sieben Jahre später war eine andere Kampagne Menkhoffs erfolgreicher. Genauer gesagt entstand aus ihr eine der legendärsten Geschichten, die sich je im Gladbacher Einzelhandel ereignet haben: Im April 1982 zettelte Klaus-Martin Menkhoff den Kaffee-Krieg an. „Ich habe von Mittwochmittag bis Samstag 20 Zentner Jacobs Krönung verkauft, meine Fahrräder wurden mir aus der Hand gerissen", erzählt Menkhoff. Was war geschehen?

Menkhoff hatte erfahren, dass Eduscho und Tchibo planten, als Aktionsartikel Fahrräder zu verkaufen. Einzelne Testverkäufe gab es bereits in Norddeutschland. Menkhoff griff zum Telefon und zu einer Finte. „Ich habe dem Verkaufsleiter gesagt, dass es ja wohl eine Unverfrorenheit sei, dass in Norddeutschland diese billigen Fahrräder verkauft würden. Was denn mit Nordrhein-Westfalen sei. Wann können wir die hier kaufen?", erzählt der findige Unternehmer. Der Verkaufsleiter erlag Trick wie Charme des Anrufers und teilte ihm den Verkaufstermin sowie den Preis der Eduscho-Fahrräder in Bergisch Gladbach mit.

Klaus-Martin Menkhoff bereitete sich in Ruhe vor. Zunächst bestellte er 400 Fahrräder mit Zehn-Gang-Schaltung und kalkulierte einen Verkaufspreis von 298 Mark – nur unwesentlich über dem Eduscho-Preis für ein Fünf-Gang-Rad und exakt so teuer wie das Tchibo-Rad. Überdies plante er, die Kaffee-Kette mit ihren eigenen Waffen zu schlagen. Seine Idee war so genial wie einfach, seine Werbebotschaft auch. Aus der Anzeige: „Es gibt Kaffeeläden, die bieten nebenbei auch Fahrräder an, warum nicht? Eine nette Idee. Wir sind erfahrene Zweirad-Spezialisten und verkaufen nebenbei auch Kaffee!" Bezüglich der Fahrräder versprach er genau das, was die Kaffee-Ketten nicht bieten konnten: Garantierten Service vor Ort. Süffisant endete seine Anzeige mit dem Satz: „Wir wünschen allen Kaffeeverkäuferinnen viel Spaß beim exakten Justieren der Kettenschaltung!"

Dann ging Menkhoff auf Kaffee-Fahrt. Der Hersteller Jacobs und die Großhändler verwehrten ihm aus Angst vor Sanktionen eine Belieferung. „Nur die Kette Plus sagte mir, ich könnte allen Kaffee haben. Ich müsste nur die Filialen abfahren", sagt Menkhoff. Und das tat er, bis hin nach Ostwestfalen, sammelte mal 80 mal 130 Pfund ein und zahlte in bar. Anschließend verkaufte er das Pfund zu 8,50 Mark – deutlich unter dem aktuellen Ladenpreis. Die Aktion schlug ein wie eine Bombe. Menkhoff: „Ich kam von einer Einkaufstour voll beladen zurück und dachte ich sehe nicht recht. Da stand eine fünfzig Meter lange Schlange vor meinem Laden und wartete, dass der Kaffeeverkauf endlich weiterging!" Weitere Fachhändler schlossen sich dem Radverkäufer an und holten sich bei der Stadtverwaltung einen Gewerbeschein für den Handel mit Kaffee. Rund 150 Zentner hamsterten Menkhoff und seine Kollegen zusammen.

„Eduscho und Tchibo haben in Bergisch Gladbach wochenlang keinen Kaffee verkauft", sagt Menkhoff. Zwar habe er für jedes Pfund 48 Pfennig zugezahlt, aber durch den Marketing-Gag den vierfachen Umsatz erzielt. Die Boulevard-Presse überbot sich mit fetten Überschriften. Die Bild-Zeitung titelte „In Bergisch Gladbach tobt der Kaffeekrieg", der Kölner Express: „Radhändler hebt Kaffeeriesen aus dem Sattel". Auch Fernsehsender und Magazine wie Spiegel, Stern und Quick berichteten über den neuen Bergisch Gladbacher Kaffeehändler.

WOHIN MIT 2 000 DRAHTESELN?

Nur ein paar Jahre später musste sich der Fahrrad-Fachhändler wieder neuer Konkurrenz erwehren: Nahe dem

Am 14. April 1982 reagierte Klaus-Martin Menkhoff mit dieser doppelseitigen Anzeige im Bergischen Handelsblatt auf den Fahrrad-Verkauf des örtlichen Kaffeehändlers.

G.H. Meyer macht seine 2. große Frühjahrsausstellung von Donnerstag, den 15. April bis Samstag, den 17. April 1982. Da gibts jede Menge toller Fahrräder und Mofas zu sehen... und natürlich günstig zu kaufen.

Artikel	Preis	Artikel	Preis
Herren- und Damensportrad 26 + 28 komplett anstatt DM 229,-	DM 198,-	Hercules Prima Presto Sachs-3-Gang-Motor anstatt DM 2.250,-	DM 1.598,-
Knaben- und Mädchensportrad 24 + 26 komplett anstatt DM 219,-	DM 198,-	Hercules Leichtkraftrad Ultra AC	DM 3.098,-
Herren- und Damensportrad 26 + 28 TORPEDO-3-Gang-Brems-Nabe komplett anstatt DM 309,-	DM 269,-	Hercules Leichtkraftrad Ultra 80	DM 3.980,-
Knaben- und Mädchensportrad 24 + 26 TORPEDO-3-Gang-Brems-Nabe komplett anstatt DM 289,-	DM 259,-	Vespa Ciao PX in in vielen Farben	DM 1.160,-
BMX-Crossrad Der Traum für Jungen und Mädchen anstatt DM 479,- solange Vorrat reicht!	DM 298,-	Vespa Roller alle Modelle vorrätig Angebotspreis P 80 X	DM 2.750,-

Ist Ihnen das aufgefallen?

Es gibt Kaffeeläden, die bieten nebenbei jetzt auch Fahrräder an,... warum nicht? Eine nette Idee. Wir sind erfahrene Zweirad-Spezialisten, und verkaufen nebenbei jetzt auch Kaffee!

Wo ist da der Unterschied?

Ganz einfach: Solange der Vorrat reicht, verkaufen wir Ihnen den
Kaffee, Jacobs Krönung, vom Feinsten
500 gr. für DM 8,50 röstfrisch, gemahlen, vacuumverpackt.
Ein Herren- u. Damen- oder Rennsportrad für DM 298,-
(10-Gang-Kettenschaltung, fachgerecht montiert und fahrfertig),
mit Voll-Service-Garantie. Das heißt, wenn später an Ihrem Fahrrad irgendetwas nicht in Ordnung sein sollte, dann sind wir Profis für Sie da – und helfen Ihnen, schnell, fachmännisch und zuverlässig – für uns kein Problem.

Wir wünschen allen Kaffeeverkäuferinnen viel Spaß beim exakten Justieren der Kettenschaltung!

GH MEYER

Hauptstraße 155 · 5060 Bergisch Gladbach 2 · Telefon (02202) 34099
Mitglied der Zweirad-Einkaufsgenossenschaft Z.E.G.
Erstklassiger Fachhändlerservice, günstige Preise, hervorragende Qualität.

KLAUS-MARTIN MENKHOFF

Spontane Reaktion der Firma Tchibo auf die Kaffee-Aktion von Fahrrad Meyer am 23. April 1982.

Bahnhof eröffnete ein Fahrrad-Abholmarkt und lief, zum Leidwesen von Fahrrad-Meyer, sehr gut an. „Das kann ich auch", dachte Klaus-Martin Menkhoff, bestellte über gute Kontakte aus Überhängen 2 000 Fahrräder und organisierte eine Lagerhalle. Doch eine Woche vor Lieferung der Räder sprang der Vermieter der Halle ab.

Die Katastrophe blieb aus, weil er bei einer Tagung seine schlechte Laune zeigte. Nach dem Grund gefragt, berichtete er von seinem Dilemma und schon einen Tag später bot ihm der damalige Geschäftsführer des Bastei Lübbe Verlages, Dr. Joachim von Sperber, eine Halle an. „Ich hätte da 5 000 Räder unterbringen können", sagt Menkhoff. Zudem habe er sie zum Freundschaftspreis von 250 Mark monatlich bekommen. „Ich habe dann gesagt, Herr Dr. von Sperber, das ist zwar 100 Mark zu teuer, aber die bezahl ich. Wir haben uns dann beide kaputtgelacht und ich hatte meinen Lagerraum."

Die Halle blieb nicht der einzige Glücksfall, denn sie stand an einem großen Parkplatz und dieser samstags leer. Die Idee Parkplatzverkauf war geboren. An acht Samstagen schoben zehn Mitarbeiter rund 800 Fahrräder ins Freie und verkauften gleich am ersten Samstag 300 Stück. Da das Bezahlen mit EC-Karte dort nicht möglich war, kassierten die Mitarbeiter nur in bar. „Ich kann gar nicht sagen, was das für ein Gefühl war. Ich habe nie wieder so viel Geld auf einmal gehabt", sagt Menkhoff, der damit gleich das nächste „Lagerproblem" hatte. Doch der Kaffee-König aus dem Fußgängerparadies löste auch diese Aufgabe pragmatisch und deponierte die vielen Scheine kurzerhand im Kofferraum seines Autos.

WILLI SAHLER

Als die Milch noch aus dem Bergischen kam
Im Tante-Emma-Laden gab es sonntags frische Sahne

Einkaufen ist heute eine einfache und komfortable Sache. Die Dichte an großen Lebensmittelläden im Bergischen ist hoch und schlicht selbstverständlich. Noch vor 60 Jahren war alles anders: Die Produkte kamen noch aus der Region, Bestellungen wurden an

Willi und Elisabeth Sahler 1971.

die Haustür gebracht und Selbstbedienung war ein Fremdwort. Willi Sahler und seine Frau Elisabeth versorgten viele Bergisch Gladbacher mit Lebensmitteln. Die Logistik übernahmen sie selbst und an eine 38-Stunden-Woche war nicht im Entferntesten zu denken.

Als Willi Sahler aus der Kriegsgefangenschaft zurückkehrte, begann er im landwirtschaftlichen Betrieb seiner Eltern Wilhelm und Gertrud Sahler. Diese hatten einen ambulanten Milchhandel in Bergisch Gladbach aufgebaut und fuhren die Milch von Tür zu Tür – bis 1950 eine städtische Verordnung den ambulanten Milchhandel aus hygienischen Gründen untersagte. Willi Sahler baute auf dem Grundstück Hebborner Straße 129/Ecke Reuterstraße ein kleines Lebensmittelgeschäft. Ganze 30 Quadratmeter Verkaufsfläche hatte es, und der Grundstückspreis würde heute jedem Makler die Tränen in die Augen treiben. „Ich habe den Quadratmeter für 2,50 Mark gekauft", sagt Willi Sahler. Anfangs verkaufte er nur Milch, Sahne und Aufschnitt. Nach und nach erweiterte er das Sortiment durch die Belieferung der Firma Himmelreich.

UM VIERTEL VOR VIER WAR DIE NACHT ZU ENDE

Elisabeth Sahler fuhr jeden Morgen vor Öffnung des Geschäfts zum Markt nach Leverkusen-Opladen, um frisches Obst und Gemüse zu kaufen. Aussagefähige Kassenzettel gab es dort nicht, und prompt vermutete das Finanzamt Steuerhinterziehung. Die

Erster Selbstbedienungsladen in der Laurentiusstraße 84 im Jahr 1959.

Betriebsausflug der Angestellten des Geschäfts Sahler.

WILLI SAHLER

Fahrten seien fingiert, die Abschreibung des Autos nicht zulässig. Doch Finanzbeamte machten damals noch Ortsbesuche und sie standen zeitig auf. „Eines Tages kam der Finanzbeamte sehr früh zu uns und traf meine Frau, die mit der Ware gerade aus Leverkusen zurückkam", erzählt Willi Sahler. „Dann war er endlich überzeugt und wir hatten Ruhe."

Sahler selbst stand noch früher auf, nämlich um Viertel nach vier in der Nacht. „Zuerst habe ich in Ober- und Unterholz die Milch von den Bauern zusammengeholt, etwa 900 Liter, und diese zur Molkerei auf der Bensberger Straße gefahren", berichtet er. Dort lud er Milch ein und belieferte die Schulen. Anschließend fuhr er zurück zur Molkerei, um Milch, Käse und Butter zu laden und das katholische Krankenhaus, Gaststätten und große Firmen wie Heider, Cox oder Berger zu beliefern. Dann erst fuhr er in sein Geschäft. Was heute langsam wieder als besonderes Serviceangebot der Lebensmittelläden entsteht und als wahre Neuheit präsentiert wird, war früher völlig normal: Die Kunden bestellten ihre Ware und Willi Sahler fuhr sie ihnen nach Hause. „Egal ob Eis oder Schnee, die Kunden wollten beliefert werden", sagt er. Geschäftsschluss war abends um sieben, aber für das Ehepaar Sahler noch lange nicht Feierabend. Erst nach der Buchhaltung gab es für sie ein paar Stunden Schlaf.

Auch an Sonn- und Feiertagen durften damals Produkte des Kerngeschäfts verkauft werden. Bei Sahlers waren das Milch und Sahne. Da es noch kaum Kühlschränke gab, wurde die Sahne vor Ort frisch geschlagen. „Die Kunden kamen von Gronau bis Heidkamp, um die geschlagene Sahne zu holen", erzählt Willi Sahler. „Sie waren alle hungrig auf was Feines. Die Schüssel wurde dann auf die Waage gestellt – 200 Gramm für 1,10 Mark."

1955 eröffnete Sahler einen zweiten Laden in der Laurentiusstraße 84 als Selbstbedienungsgeschäft. Es war das erste seiner Art in Bergisch Gladbach und die Gladbacher beäugten das neue Konzept ausgesprochen misstrauisch. „Die Kunden sagten, die Regale sollten wieder raus. Wir wollen hier wieder eine Theke haben. So etwas waren die Leute nicht gewohnt, sie wollten alle bedient werden", erinnert sich Willi Sahler. „Es war ein Kampf, bis sie es zögerlich akzeptiert hatten." Das Geschäft hielt sich bis 1970.

PROMINENTE KUNDEN BEI „TANTE EMMA"

Insgesamt aber lief der Betrieb blendend und der Mitarbeiterstamm der Familie Sahler wuchs auf bis zu zehn Verkäuferinnen. Der Chef organisierte Betriebsausflüge, von denen einer bis nach Holland ging. „Ich habe in Holland angerufen und wollte das mit der Unterkunft klären. Die Frau am Tele-

WILLI SAHLER

Elisabeth Sahler in ihrem Geschäft vor einem Aktionstand von Trill und Pal.

Erstes Lebensmittelgeschäft 1951–52 der Familie Sahler auf der Hebborner Straße 129, Ecke Reuterstraße.

fon hat mir dann gesagt, sie könne uns alle acht bergen", erzählt Sahler. Was er nicht wusste: Das Wort „bergen" heißt im Niederländischen „beherbergen" und hat mit Rettung nichts zu tun. Doch Sahler konnte damals nicht anders: „Ich habe mich am Telefon kaputtgelacht!"

Und dann war da noch der Junge aus der Nachbarschaft, der gerne im Tante-Emma-Laden in der Reuterstraße einkaufte. Er kam mit dem Fahrrad und hängte die Einkaufstüte vorne an den Lenker. Als sich die Tüte eines Tages verfing, stürzte der Junge vom Rad und der Inhalt der Tüte auf die Straße. „Ein paar Meter weiter wohnten Flüchtlinge. Denen gab er den Rest aus seiner Tüte und kam dann zurück zu mir und wollte neue Einkäufe haben", berichtet Willi Sahler über den Jungen namens Willibert Krüger, der später zu einem der größten Arbeitgeber Bergisch Gladbachs werden sollte.

Damals schon prominent war ein anderer Kunde. „So sieht eine doofe Nuss aus", erklärte Willi Sahler seinem Sohn Ralf, während sie bei einem Kunden an der Tür klingelten. Als dieser ihn „völlig verständnislos" angesehen habe, klärte er ihn auf, dass der Kunde Hans Hachenberg sei, im Karneval als die „Doof Nuss" bekannt. Auch ein Vertreter der Firma Henkel ist Sahler in Erinnerung geblieben. Dieser stattete der Familie häufig Besuche ab und pries seine Henkel-Produkte an. Als eines davon später auch in der TV-Werbung angepriesen wurde, musste Willi Sahler zweimal hinschauen. „Persil – da weiß man, was man hat!", sagte der Mann auf der Mattscheibe und, so Sahler: „Das war genau der Vertreter, der jahrelang zuvor bei mir die Produkte verkaufen wollte."

1972 musste Willi Sahler seinen Laden aus gesundheitlichen Gründen schließen. An der Stelle seines Geschäfts ist heute Jacques Wein-Depot und erinnert nur noch alteingesessene Gladbacher an die schöne Zeit, als es noch Tante-Emma-Läden und sonntags Sahne gab und als Selbstbedienung noch als schlechter Service galt.

ALFRED HANSON

Der verhinderte Prinz und sein Ballon
Modeverkauf in der größten Luftblase der Stadt

Was macht ein Unternehmer, der sein Geschäftsgebäude abreißen und neu bauen will? Zehn Monate Urlaub während der Bauzeit waren für Alfred Hanson und sein Modegeschäft „Neundörfer" an der Hauptstraße 218–220 undenkbar. Um weiterhin Geld verdienen zu können, musste eine Alternative her. Hanson fand sie, und sie war so innovativ wie er selbst schlitzohrig, um sie aufstellen zu dürfen.

Es war das Jahr 1971. Seinen Standort wollte Hanson nicht entscheidend ver-

Neundörfer Ballon, Innenansicht, 1971.

legen, und zudem war gegenüber, dort wo das VHS-Gebäude steht, genügend Platz für den Verkauf in einer Halle. Nur, dass dort eben keine Halle stand. Der Geschäftsmann suchte und wurde fündig bei der Firma Krupp. Diese hatte einige Jahre zuvor eine Traglufthalle entwickelt – damals auch „Deutschlands größte Luftblase" genannt. Durch dicke Schläuche drücken Gebläse-Pumpen Luft unter ein Laken aus abgedichteten Kunststoffstreifen, das sich aufblähte und zu einem ballonförmigen Zelt emporwuchs. Entwickelt wurde es mit der Idee, der Bauwirtschaft auch in den Wintermonaten Hochkonjunktur bescheren zu können. Für Hanson schien es als provisorische Verkaufsstätte geradezu ideal.

Er erklärte seinem Einkaufsverband, der AG Tex, die ihn bereits bezüglich Neubau und Räumungsverkauf unterstützt hatte, seine Pläne. „So einen Doll wie ihn hatten die beim Verband auch noch nicht gesehen", sagt Hansons Ehegattin kopfschüttelnd. Doch wer wagt, gewinnt: Der Verband besorgte die Halle. „Der Ballon war damals schon eine Sensation, kaum einer kannte diese Art von Hallen", sagt Alfred Hanson über seine Novität in Bergisch Gladbach.

ALFRED HANSON

Und so sah der „Verkaufsballon" von außen aus. Im Hintergrund die Volkshochschule Bergisch Gladbach.

D'R PRINZ KÜTT – ODER DOCH NICHT

Doch damals wie heute haben es Novitäten nicht immer einfach. Das Aufstellen der Halle musste von der Stadt genehmigt werden. Der Umzug in den Ballon war bereits komplett vorbereitet, doch die Genehmigung stand immer noch aus. Um den Prozess ein wenig zu beschleunigen, versuchte es Hanson mit dem, was man in Köln und Umgebung so tat und tut. Die nächste Karnevalssession nahte und die KG „Große Gladbacher" suchte noch nach einem Prinzen. „Daraufhin habe ich mich dann gemeldet, um den Prinzen zu machen", sagt Alfred Hanson. „Ich habe sogar schon oben auf der Rathaustreppe gestanden und Reden geübt, da ich nicht gut frei sprechen kann." Zwei Tage später erhielt der potenzielle Prinz die Genehmigung für die Errichtung des Ballons. „Reiner Zufall!", sagt Hanson und grinst.

Er ließ seine Halle aufblasen – und nahm seine Prinzen-Zusage zurück. „Den Blumenstrauß und alles hatten wir schon erhalten", erzählt er von seinem Rückzieher. Die Sache brachte ihm in der Folge den Spitznamen „Prinz Trittbrettfahrer" ein. Die KG

ALFRED HANSON

„Große Gladbacher" hatte damals schnell einen neuen Prinzen gefunden und Alfred Hanson stellte sich einer profaneren Herausforderung als monatelang mit Narrenkappe durch die Säle zu ziehen: seinem Umzug in den Ballon. „Den ganzen Kram haben wir mit Einkaufswagen rüber in die Halle gefahren", erzählt er. Dort, wo heute ein Reisebüro und das Café Centrale stehen, war damals nichts als freies Feld. „Das Einräumen war eine Mordsarbeit", sagt Hanson. Doch der Plan ging auf. Termingerecht startete er den Verkauf in der ersten Traglufthalle Bergisch Gladbachs.

Außer Schwierigkeiten bei der Genehmigung tragen Novitäten auch das Risiko unberücksichtigter Kinderkrankheiten. Eine davon erwischte auch das Hanson'sche Zelt. Was Autofahrer von Diesel-Fahrzeugen auch heute noch in frostigen bergischen Wintern erfahren, wiederfuhr auch den Diesel-Motoren, die die Luft in die Ballon-Halle bliesen: Der Kraftstoff wurde dick und fest und der Motor konnte nicht starten. Für den Fall, dass der Strom ausfiel, stand zwar vorsorglich ein zusätzlicher VW-Motor bereit, aber jenen ereilte das gleiche Schicksal. Das Zelt nahm es übel. Im wahrsten Sinne des Wortes war die Luft raus.

EIN ZAUN FÜR UNLIEBSAME GÄSTE

Die Sache mit der Luft hatte weitere Nachteile. Sie weckte nicht nur die Neugier auf die physikalischen Zusammenhänge, sondern auch jene, in

Das Neundörfer Ladenlokal von außen während des Räumungsverkaufs, 1971.

diese Physik selbst einzugreifen. Alfred Hanson erinnert sich: „Wir haben gerade zu Hause Deutschland gegen Schweden geguckt, als plötzlich die Polizei vor der Tür stand und uns bat mitzukommen." Jemand hatte mit einem Messer ein Loch in den Ballon geschnitten. Die Luft entwich, der Druck fiel ab, und eine für diesen Fall installierte Alarmanlage schlug an. Die dann ergriffenen Maßnahmen muten aus heutiger Sicht ein wenig nach Campingurlaub an. „Ich weiß noch, dass der lange Schnitt an der Ballonwand überklebt wurde und anschließend mit einer dicken Nadel genäht. Dann war das wieder in Ordnung", erzählt Hanson.

Den Täter konnte die Polizei nicht überführen, doch Familie Hanson hatte eine Vermutung. „Wir hatten einen Lümmel in Verdacht. Mein Vater war mit seinem Vater befreundet", erzählt Alfred Hanson, der die Sache in der Folge wiederum eher auf die kölsche Art regelte. Er rief den Vater des „Lümmels" an. Der Vater trat daraufhin mit seinem Sohn bei Familie Hanson an. Vor deren Augen habe er seinen Sprössling angesehen und gewettert: „Hör mal, wenn du so was machst, dann nicht bei unseren Freunden!" Alfred Hanson echauffiert sich darüber noch heute. „Das hieß doch: Wenn du einbrichst, ist das in Ordnung, aber dann bitte woanders. Anstatt dass er dem Sohn mal richtig eine witscht! Nee, nee ..."

Um Lümmel und sonstige Zelt-Vandalen von ihrem Ballon fernzuhalten, errichtete Familie Hanson einen Zaun um das gesamte Gelände. Das war teuer, doch Wachmänner oder auch Geschäftsausfall durch ein luftloses Zelt wäre wohl noch teurer geworden. Als die zehn Monate vorbei waren zog das Geschäft in das neue Haus und verließ die so sonderbare wie erfolgreiche Übergangslösung. Die Stadt Bergisch Gladbach jedoch hatte inzwischen Gefallen an ihrer außerordentlichen Ballon-Halle gefunden. Sie kaufte die Traglufthalle der Firma Krupp ab, um sie für andere Geschäftsleute bereitstellen zu können.

Das inzwischen auch schon wieder 40 Jahre alte Geschäftsgebäude an der Hauptstraße 218–220 hat Familie Hanson verkauft. Dass im Haus des ehemaligen „Prinz Trittbrettfahrer" heute die Firma Deiters Karnevalsartikel verkauft, ist nun jedoch wirklich reiner Zufall.

UDO GÜLDENBERG

Der Mörder mit dem Kümmerling
Im Gronauer Wirtshaus haben sich denkwürdige Geschichten zugetragen

Witzig, skurril, spannend oder einfach nur berührend – die Geschichten, die der Gastronom Udo Güldenberg aus seinen vielen Jahren im Gronauer Wirtshaus zu erzählen hat, suchen in Bergisch Gladbach ihresgleichen.

Zum Beispiel die aus dem Jahr 1993, als Güldenberg bei der ersten „Schlemmermeile" des Stadtfestes mitmachte. Es war ein Sonntag, herrliches Wetter und im gut gefüllten Zelt saßen die Gäste an Bierzeltgarnituren. Plötzlich schrie eine Frau. „Es war ein Schreien, bei dem man sofort wusste, dass etwas ganz Schlimmes passiert war", erinnert sich Güldenberg. Es war etwas ganz Schlimmes. Eine Frau hatte anscheinend gerade eine Fehlgeburt erlitten. In dem Chaos, das ausbrach, behielt Güldenberg die Ruhe. „Das Zelt war brechend voll und ich sollte alle Leute nach Hause schicken", erzählt er, „aber es hatte noch gar keiner bezahlt." Kurzentschlossen wies er seine Mitarbeiter an, mit Handtüchern und Schürzen einen Sichtschutz zu bilden. Während sie einen Kreis um die junge Mutter bildeten, kassieren zwei weitere zügig an den anderen Tischen ab und machten Platz für die Sanitäter. „Man konnte dann doch Blut sehen, und wir hatten uns mit dem Schlimmsten abgefunden", so Güldenberg.

Im nächsten Jahr betrat eine Frau mit einem Kinderwagen das Güldenberg-Zelt in der Schlemmermeile. „Sie sagte, das sei ihr Sohn, der vor einem Jahr an dieser Stelle begann herauszukommen." Es war zwar eine Frühgeburt, aber keine Fehlgeburt gewesen. „Die Frau kam dann mit ihrem Sohn jahrelang immer sonntags zu uns ins Zelt und hat dort gegessen", erzählt Güldenberg über das Happy End des dramatischen Ereignisses.

40 000 MARK IM UMSCHLAG

Anfang der 90er betrat ein Gast den Gronauer Schankraum und legte einen Briefumschlag auf die Theke. Es war sein letzter Arbeitstag und in dem Umschlag befand sich eine Abfindung. „Ich sehe das heute noch vor mir", sagt der Gastwirt. „Es waren 40 000 Mark." Der Gast habe gesagt: „So Freunde, heute wird richtig einer gesoffen und morgen mache ich selbst eine Kneipe auf." Er habe etliche Lokalrunden gegeben, mit seinem neuen Reichtum geprahlt und tatsächlich kurze Zeit später eine eigene Kneipe ganz in der

Gronauer Wirtshaus ohne Anbau Anfang des 20. Jahrhunderts.

Nähe eröffnet. Diese habe sich jedoch trotz des hohen Startkapitals nicht allzu lange gehalten.

Im Vorfeld der Karnevalssession 1990/91 kam die Band „Die Labbese" auf Udo Güldenberg zu und wollte an Weiberfastnacht auftreten. Der Aufwand war enorm. „Wir haben jeden Tisch, Stuhl, Lampe, Bilder, einfach alles herausgetragen, es war nur noch die nackte Wand übrig. Das Zeug habe ich in zwei riesengroßen Containern im Biergarten verstaut", berichtet er. Danach war Platz für 600 Personen und zusätzliche vier Theken. Doch dann wurde Karneval abgesagt. Der Golfkrieg war ausgebrochen. Die Labbese und Güldenberg beschlossen, das Konzert nicht abzusagen und auch viele Gladbacher hatten wohl trotzdem Lust auf Party. Dicht gedrängt standen sie im Laden – unter strenger Beobachtung des Veranstalters. „Wir hatten Angst vor Anschlägen", sagt Güldenberg. „Wir haben alle Gäste beobachtet, ob sich jemand auffällig benimmt oder in der Lage ist, hier eine Bombe zu zünden." Niemand zündete eine Bombe, aber nach dem Konzert

UDO GÜLDENBERG

Biergarten Gronauer Wirtshaus vor dem Sälchen.

sah es so aus, als wäre doch eine eingeschlagen. „Unser Laden war nicht mehr der Laden, der er vorher war", sagt der Chef. „Alles stand unter Wasser, es sind Schläuche geplatzt, wir mussten alles neu streichen." Es war das erste und letzte Konzert dieser Größenordnung im Gronauer Wirtshaus. Die Labbese erfanden daraufhin die „Lachende Tiefgarage" und veranstalteten jahrelang unter dem Löwen ihr legendäres Weiberfastnachts-Konzert. Für Udo Güldenberg hatte es noch andere Konsequenzen. „Das war mein erster derartiger Kontakt mit dem Karneval", sagt er. Wenige Jahre später war er Präsident der KG Narrenzunft e. V. Bergisch Gladbach und 2006 zog er als Prinz in die Session.

BEWAFFNET DIE THEKE GESTÜRMT

Auch die Polizei musste hin und wieder zum Gasthof ausrücken. Bei einem Einbruch hatten die Beamten allerdings etwas übersehen. Obwohl sie versicherten, man habe alles gründlich durchsucht, glaubte Udo Güldenbergs Vater, dass noch einer der Einbrecher im Haus sei. Er machte sich selbst auf die Suche und wurde fündig: Der Einbrecher saß im Schrank. Er habe zwar mehr Angst als Güldenberg senior gehabt, doch auch bei jenem saß der Schreck tief.

Zu einem Großeinsatz der Polizei führte ein unbekannter Gast, der eines Abends gegen zehn Uhr ein Kölsch und einen Kümmerling bestellte. Dann verlangte er das Telefon, um den Anwalt Wolfgang Bosbach anzurufen. Dazu habe er gesagt: „Ich habe gerade meine Frau getötet." „Mein Mitarbeiter hat ihn gefragt, ob er noch alle Tassen im Schrank habe", erinnert sich Güldenberg und er selbst gab den Rat, doch lieber die Polizei anzurufen. Der Gast stimmte zu und der Wirt wählte selbst die 110 und schilderte, was der Mann an der Theke vorgab getan zu haben. „Er ist im Gronauer Wirtshaus und der Anrufer soll ruhig bleiben", hörte er vom anderen Ende der Leitung.

Innerhalb von drei Minuten war das Wirtshaus umstellt und kurz darauf stürmten schwer bewaffnete Polizeibeamte den Schankraum. Vor der Tür standen zehn Polizeiwagen und in Eingangshalle und Restaurant wimmelte es von Beamten eines Sondereinsatzkommandos. Innerhalb weniger Sekunden war der Mann gefasst, bis auf die Unterhose ausgezogen und in

Udo Güldenberg steht im Saal des Wirtshauses und zeigt die Stelle, an der das Bett des russischen Zwangsarbeiters nach dem Krieg stand.

Handschellen gelegt. Gäste und Wirt fühlten sich – bestenfalls – wie in einem Hollywoodfilm. Niemand durfte sich bewegen, niemand durfte etwas anfassen. Deckel, Glas und Kümmerling des Verhafteten wurden konfisziert. Der Mann hatte nicht gelogen. Er hatte tatsächlich seine Frau am frühen Abend umgebracht. Sein Deckel mit Kölsch und Kümmerling blieb bis heute unbezahlt.

BUTTER DURCH DIE RITZEN GEDRÜCKT

Nicht nur die Familie Güldenberg, auch das Gronauer Wirtshaus hat eine lange Geschichte. Das Kapitel Kriegsgefangene und Zwangsarbeiter im Zweiten Weltkrieg wurde für Udo Güldenberg im Jahr 2005 noch einmal aufgeblättert. Die Stadt Bergisch Gladbach versuchte, ehemalige Zwangsarbeiter ausfindig zu machen, sie einzuladen und eine Entschädigung zu zahlen. In jenem Jahr kam ein ehemaliger Zwangsarbeiter aus Weißrussland nach Bergisch Gladbach, der damals im Gronauer Wirtshaus untergebracht war. Der große Saal war gegen Ende des Krieges mit Brettern vernagelt worden und als Unterkunft für die Gefangenen genutzt worden. „Dieser Weißrusse stand dann hier und zeigte mir, wo sein Hochbett stand, in dem er damals geschlafen hatte", sagt Güldenberg. Dann habe der Gast von damals erzählt. Wie abgeschottet sie waren, und dass sie keinen Kontakt zur Wirtin und den Gladbacher Bürgern haben durften. Und trotzdem habe die ehemalige Wirtin versucht, ihm Fett zukommen zu lassen, indem sie weiche Butter durch die Ritzen im Holz drückte. „Er konnte kein Deutsch, deshalb war ein Dolmetscher dabei", sagt Udo Güldenberg. „Diese Geschichte von damals hat mich sehr nachdenklich gestimmt. Und mich wirklich bewegt."

RÜDIGER CERANSKI

100 000 Quadratmeter in zehn Tagen
Die Firma Ceranski GmbH versuchte das Unmögliche möglich zu machen

Rüdiger Ceranski findet, dass früher alles besser war. Man versprach sich Dinge in die Hand und hielt diese auch. Man sagte sich noch Guten Tag und besprach die Dinge persönlich. Irgendwann – vielleicht so ab den 90er-Jahren – sei alles anders geworden.

„Ceranski kommt von ganz, ganz unten und hat sich nach oben gearbeitet", sagt der Unternehmer über sich selbst. Nach Lehr- und Gesellenzeit wurde er bei der Maler-Firma Tebbe erst Betriebsleiter, dann Prokurist, Geschäftsführer, später Mitinhaber und 1994 schließlich Alleininhaber der fortan unter „Ceranski GmbH" laufenden Firma. Diese war nicht etwa ein kleiner Malerbetrieb, sondern ein Unternehmen mit 90 festen Angestellten und bis zu 60 weiteren Subunternehmern. 35 Firmenfahrzeuge standen auf dem Hof.

Einsatz der umfunktionierten Spachtelspritze für einen Großauftrag der Firma Krüger.

Zum großen Kundenstamm gehörten etwa G&H oder Bastei Lübbe. Viele Aufträge verbanden Ceranski mit der Firma Zanders – und dort ging es anders zu als beim Tapezieren eines Einfamilienhauses. Zum Beispiel, wenn die Maschinen einen neuen Anstrich verlangten. „Wir haben teilweise an den Maschinen mit bis zu 35 Mann gearbeitet. Wenn man hochgeschaut hat, war vor lauter Menschen gar keine Maschine mehr zu sehen", sagt Rüdiger Ceranski. Zeitdruck war immer, denn die Maschinen mussten laufen. Die Mitarbeiter kamen an Ostern oder Weihnachten, wenn die Produktion stillstand, und arbeiteten in mehreren Schichten rund um die Uhr.

RÜDIGER CERANSKI

Stattlicher Fuhrpark, 1990, obere Hauptstraße.

WENN WÄNDE NICHT WOLLEN WIE DER MALER

Eines Tages im Jahr 2001 kam Willibert Krüger von der Firma Krüger mit einem ebenso spontanen wie anspruchsvollen Auftrag auf Ceranski zu. Krüger hatte seine Lagerhallen in Köln gekündigt und musste sie renoviert übergeben. Die Dimension war selbst für Ceranski eine große Nummer: 100 000 Quadratmeter Fläche, inklusive Wänden, Decken und Böden. Als kleines zusätzliches Handicap kam hinzu, dass die Hallen bis zum Ende des Monats fertig sein sollten, es aber schon der 20. des Monats war. Ceranski sagte zu, nur um beim Start der Arbeit festzustellen, dass sich die Wände mit herkömmlicher Technik und Gerät nicht in den Zustand des gewünschten Weiß versetzen ließen. Aber Aufgeben galt nicht. Erst mit dem Umfunktionieren einer Spachtelspritze gaben die Hallenwände schließlich ihr Grau auf, und nach exakt zehn Tagen war der Auftrag erledigt. „Wir haben mit 80 Mann gearbeitet, mit Bühnen, mit Staplern und allem, was wir bekommen konnten – und zwar Tag und Nacht", sagt Ceranski.

RÜDIGER CERANSKI

Derartige Aufträge verlangen Unternehmergeist, und Rüdiger Ceranski war stets ein Vollblut-Unternehmer. Freizeit und Urlaub kannte er ebenso wenig wie das Zurückziehen auf die Chefposition. „Ich war immer selbst morgens mit im Lager und habe alles eigenständig geregelt", sagt er. „Ab viertel vor sechs war ich am Telefon und habe geklärt, wer krank ist und wie ich den Tag organisiere." Termine, Mitarbeiter und Touren plante er selbst und vor allem kannte er auch Mitarbeiter wie Kunden genau.

„Ich hatte super Vorarbeiter, die ich alle seit der Lehre hatte und die ihren Job perfekt gemacht haben! Die gingen zum Glück auch nicht nach acht Stunden nach Hause", erklärt sich Ceranski seinen Erfolg. Doch von nichts kommt nichts. Auch keine guten Mitarbeiter. „In dem Moment wo man wächst und größer wird, verdient man natürlich auch mehr Geld. Dafür hat man aber auch wahnsinnigen Druck. Du musst dann sehen wie das Geld reinkommt, sodass du alle bezahlen kannst. Die Mitarbeiter haben ja auch Familien und Hunger und wollen das Geld von mir", sagt Ceranski und fügt hinzu: „Die wollte ich nicht enttäuschen, denn sie sollten ja auch wiederkommen!" Damit drückt er in simplen Worten das aus, wofür es heute Managementseminare gibt: Nachhaltige Unternehmens- und Mitarbeiterführung.

DIE SACHE MIT DEM „BUSENGRAPSCHER"

Eine Anekdote, die beinahe mit einem Prozess geendet hätte, ist Rüdiger Ceranski besonders in Erinnerung geblieben. Es war Anfang der 90er-Jahre, als er einen Mitarbeiter zu einem Privatkunden schickte. Es öffnete diesem eine bildhübsche Frau, der Mann war arbeiten und die Kinder in der Schule. Zu allem Überfluss sei die Hausherrin „auch noch sehr gut in der Brust-Oberweite" gewesen, erzählt Ceranski. Gegen Mittag habe sich dann der Mitarbeiter wohl nicht mehr bezähmen können, und er habe „der Dame mit seinen schmutzigen Patsche-Händchen an den großen Busen gegriffen."

Rüdiger Ceranski mit Junior Thomas in den 90er-Jahren.

RÜDIGER CERANSKI

Eine Entschuldigung, ein sehr großer Strauß Blumen und ein Quäntchen Glück, dass der Ehemann, der zu allem Überfluss auch noch Rechtsanwalt war, keine Anzeige erstattete, rettete damals die Angelegenheit. Den grapschenden Mitarbeiter versetzte der Chef jedoch erst einmal in den Innendienst.

Es war wohl ein Mix aus den guten Beziehungen zum Krüger-Chef und Ceranskis Unternehmerblut, dass er Mitte der 80er-Jahre den Betrieb mit etwas erweiterte, von dem er zunächst keine Ahnung hatte. Damals wurde er wieder einmal in Willibert Krügers Büro gerufen und von ihm höflichst gebeten, einen Putzerbetrieb zu übernehmen. Der Inhaber der Firma war mit 53 Jahren verstorben und die Mitarbeiter wussten nicht, wie es weitergehen sollte. „Was soll ich denn mit Putzern? Ich habe doch gar keine Aufträge für Putzer!", war Ceranskis spontane Reaktion. Doch Willibert Krüger beruhigte sein Gegenüber und versicherte, dass dieser sich über mangelnde Arbeit keine Sorge machen solle. Davon würde er schon genug bekommen. Wieder schlug Ceranski mutig zu und hatte alsbald zehn Putzer samt Aufträgen in seinem Betrieb.

Bereut hat er es nie, denn das Geschäft lief von Anfang an gut. „Ich war so begeistert von den Mitarbeitern, die haben so gute Arbeit geleistet, dass ich mich da voll reingehängt habe", sagt der unfreiwillige Trockenbau-Unternehmer. Die Bedeutung dieser ungewöhnlichen Betriebserweiterung erschließt sich jedoch erst am Ende der Geschichte: Heute, fast drei Jahrzehnte später, sind nämlich Putz- und Trockenarbeiten das Hauptgeschäft der Firma Ceranski, und Malerarbeiten führt sie kaum noch aus. Ohne den Mut des Unternehmers wäre vermutlich vieles ganz anders gekommen. Daher ist es mehr als verständlich, wenn Rüdiger Ceranski findet, dass früher alles besser war. Man versprach sich Dinge in die Hand und hielt diese auch. Man sagte sich noch Guten Tag und besprach die Dinge persönlich.

BERND MATHIES

Keine Geld-Zurück-Garantie bei Fröschen
Was ein Landschaftsgärtner mit Fischen, Maulwürfen und Werbebotschaften zu tun hat

Häufig kann der Spaziergänger im Wald Bäume sehen, die mit einem farbigen Kreuz markiert sind. Dies ist in der Regel das Todesurteil für den Baum, denn das Kreuz ist die Kennzeichnung, dass die Waldarbeiter die Motorsäge ansetzen dürfen. Manchmal jedoch geht die Sache mit dem Kreuz auch entschieden daneben.

Bernd Mathies war mit seiner Garten- und Landschaftsbau-Firma beauftragt worden, in Rösrath Bäume zu fällen. „Wir hatten verabredet, dass der Auftraggeber selbst die Bäume markieren wird, die gefällt werden sollen", erzählt Mathies. So weit, so üblich. Der Kunde rückte seinem Wald mit der Farbe zu Leibe und markierte die gewünschte Anzahl Bäume, Mathies rückte mit seinem Trupp an und fällte sie. So weit, so üblich. Als der Kunde am Nachmittag die Arbeiten begutachtete, war er – vorsichtig ausgedrückt - irritiert.

Bernd Mathies

„Wir stellten dann fest, dass wir die falschen Bäume gefällt hatten", sagt Mathies. Was beim Wählen an der Urne fatal ist, ist es auch beim Auswählen im Wald – das Kreuz an der falschen Stelle. Der Kunde hatte sorgfältig all die Bäume markiert, die stehen bleiben sollten. Für Mathies hatte das Missverständnis am Ende einen guten Ausgang. „Wir haben dann den Auftrag erhalten, alle Bäume zu fällen und wieder neue anzupflanzen."

DER MARATHON-FROSCH

Seit 1976 ist die Firma Mathies Garten- und Landschaftsbau im Familienbesitz. Klein angefangen vergrößerte sich der Betrieb erst auf 1 500 Qua-

BERND MATHIES

Bernd Mathies spendet Fahnenmast für die CDU, hier mit Wolfgang Bosbach.

dratmeter an der Bergisch Gladbacher Hauptstraße und 1991 auf 3 500 Quadratmeter im Gewerbegebiet Herkenrath. Immer mehr entwickelte sich das Unternehmen dabei zum Spezialisten für Teichbau. In einem Wassergarten-Center bietet es Teichtechnik und Fische an, im Außengelände schwimmen in einer natürlichen Teichanlage wertvolle Kois.

Früher verkaufte Mathies seinen Kunden auch andere Teichtiere, Frösche zum Beispiel. Zwei dieser Exemplare nahmen bei einem Kunden jedoch die Chance wahr, die die Fische nicht hatten: Sie machten sich auf Wanderschaft. Darauf war der Froschkäufer anscheinend nicht vorbereit gewesen, und als seine beiden gekauften Hüpfer nach 14 Tagen von ihrem neuen Zuhause durchgebrannt waren, verlangte er in einem Schreiben von der Firma Mathies den Kaufpreis zurück.

„Ja komm, hör auf, du erzählst wieder irgendeine Story", sagten abends die Kollegen am Stammtisch der Landschaftsgärtner, als Mathies von dem Brief erzählte. Dieser fuhr ins Büro und holte das Beweisstück für die unglaubliche Geschichte. Das Gelächter muss groß gewesen sein; und es sollte noch lauter werden, denn ein Kollege aus Niedersachsen sagte: „Mensch, mach mir mal eine Kopie davon, ich schreib dem Mann." Gesagt, geschrieben, erhielt der froschlose Kunde einige Tage später einen Antwortbrief über eine ungewöhnliche Froschwanderung. In seinem Brief schrieb der niedersächsische Landschaftsgärtner, die Frösche seien inzwischen bei ihm angekommen und der Kunde könne sie sich jederzeit wieder dort abholen. Er möge ihm aber bitte auch fünf Mark mitbringen, denn schließlich habe er die Frösche nun bereits eine ganze Weile durchgefüttert.

WAS IM FERNSEHEN KOMMT, DAS STIMMT!

Ähnlich rudimentäre Kenntnisse über Tiere wie auch über Technik bewies eine andere Kundin von Mathies. Sie hatte wohl zu viele Werbespots gesehen, und von denen sind nicht nur einige in die Geschichte eingegangen, sondern sie spiegeln auch ein wenig den jeweiligen Zeitgeist wider. Noch in Schwarzweiß kannte jeder Klementine

Neubau des Firmengeländes in Herkenrath, Braunsberger Feld, 1990.

und ihre Empfehlung „Ariel, für den Hauptwaschgang". Da gab es eine Frau namens Tilly, die einem simplen Geschirrspülmittel namens Palmolive mit einem „Sie baden gerade Ihre Hände darin" zu höheren Kosmetikweihen verhalf, und das in die Luft gehende HB-Männchen hatte in den 60er-Jahren einen Bekanntheitsgrad von 96 %, den heute kaum ein Bundesminister erreicht.

Mit fortschreitender Zeit wurde die Werbung einfallsreicher und außergewöhnlicher, was jedoch einen gewissen Sinn für Witz oder auch Ironie erforderte. Im Jahr 2004 schaltete der Baumarkt OBI einen Spot für einen Laubbläser. Zu sehen ist ein Mann, der auf einer mit Maulwurfhügeln übersäten Wiese mit dem Gerät das Laub zusammenpustet. Nach kurzem Zögern hält er das Gerät auf einen der Hügel, woraufhin aus sämtlichen anderen Hügeln die Maulwürfe herauskatapultiert werden. Der Spot endet damit, dass der Laubpuster-Anwender bei einem der am Boden liegenden Maulwürfe vergeblich einen Herzschlag sucht. Während Tierschutzorganisa-

Frühes Logo der Firma Garten- und Landschaftsbau Mathies, 1976.

tionen damals protestierten, fanden die meisten Fernsehzuschauer den Spot witzig und waren der Meinung: „Das glaubt doch eh keiner."

Bernd Mathies machte eine andere Erfahrung. „Mich rief eine Kundin an und fragte, ob ich auch den Bläser für Maulwürfe hätte", erzählt er. Mathies war irritiert, denn er kannte zwar den Werbespot, aber richtig in Erinnerung war er ihm nicht und ein Gerät zum Maulwurf-Pusten war ihm nicht bekannt. Doch die Kundin blieb hartnäckig und ließ sich nicht abwimmeln. „Na, dieses Gerät, mit dem man die Maulwürfe aus den Löchern pusten kann", habe sie ihm gesagt. Der Fachmann versicherte ihr, dass ihm die Existenz eines solchen Gerätes nicht bekannt sei. Die Kundin wiederum interessierte die fachmännische Auskunft herzlich wenig. Sie wollte den Maulwurf-Puster, koste es was es wolle. „Ich habe ihr bestimmt fünf oder sechs Mal erklärt, dass es ein solches Gerät nicht gibt", sagt Mathies. Die Antwort, die er schließlich erhielt, machte ihn – spätestens nach nochmaligem Ansehen des Werbespots – fassungslos: „Doch, natürlich gibt es dieses Gerät, ich habe es im Fernsehen doch selbst gesehen!" Damit hätte die Kundin neben Klementine, Tilly und den Maulwürfen einen der vorderen Ränge in der Geschichte der Werbespots verdient.

BURKHARDT UNRAU

Ein Aussteiger, der wieder einstieg
Der Bergisch Gladbacher Kirmes-Macher kennt keine halben Sachen

Burkhardt Unrau mit geschnittenen Haaren und Anzug 1986 zu Beginn seiner DKV-Tätigkeit.

In Bergisch Gladbach gilt er als „Macher" schlechthin, und er selbst sieht Bergisch Gladbach als „den schönsten Mittelpunkt seines Lebens". Eines Lebens, das keinen ausgetretenen Pfaden folgte und in dem es so bunt und turbulent zuging wie auf der Gladbacher Kirmes, die er organisiert. Ja, Burkhardt Unrau ist ein Macher, ist ungewöhnlich und anders, und ohne ihn wäre auch Bergisch Gladbach anders.

Das erste Mal, dass in Unrau Unruhe aufkam bezüglich seines eingeschlagenen Weges war 1983. Seit 13 Jahren arbeitete der Industriekaufmann bei der Firma Köttgen, hatte sich vom Lehrling zum stellvertretenden Verkaufsleiter hochgearbeitet. Er hatte eine Scheidung hinter sich und dachte: „Das kann nicht alles gewesen sein, so geht es nicht weiter. Ich mache jetzt was anderes." Das sagen sich viele, doch er setzte es in die Tat um, und halbe Sachen hat Burkhardt Unrau in seinem Leben vermutlich höchst selten getan. Es war kein Abbiegen vom bisherigen Lebensweg, es war eine Kehrtwende auf dem Absatz.

Als eine Art Wegweiser erwies sich ein alter Schulfreund. Jürgen Fritz hatte gerade das „Tonstudio Hitdorf" gegründet und war Chef der Kölner Band „Triumvirat", die bereits mit Fleedwood Mac und Supertramp auf USA-Tournee war. Auch Unrau machte seit seiner Jugend Musik – angefangen in der Waschküche auf Omo-Trommeln und erstmalig 1968 auf der Bühne im Nicolaus-Cusanus-Gymnasium. 1970 gründete er die Band „Fly Dirt", auf Deutsch Fliegendreck, mit der er auch eine Langspielplatte produzierte.

BURKHARDT UNRAU

Jürgen Fritz fragte seinen alten Schulkameraden, ob er bei ihm mitmachen wolle, und jener antwortete mit einem klaren: „Klar." Es begann ein neues Leben. „Sex, Drugs and Rock 'n' Roll, genau wie man es kennt, ohne nähere Einzelheiten zu verraten", sagt Unrau. Er kaufte sich auf Pump einen Mercedes 280 SE und fand das neue Leben großartig. „Wir hatten den ganzen Tag ein Leuchten in den Augen, aus den verschiedensten Gründen, von morgens bis abends."

PARTYS, PORNOS, PROMINENTE

Nur: Von der Musik, die sie eigentlich machen wollten, konnte das Studio nicht leben. Also machten sie etwas anderes, nämlich Synchronisationen drittklassiger Filme aus Italien. „In diesen Billigsegmenten kamen Menschen mit 20 000 DM zu uns, knallten die auf den Tisch und sagten: Mach den mal in Deutsch, Peng!", erzählt Unrau. Was folgte waren Arbeitstage, die auch mal 20 Stunden haben konnten. Unrau sprach nicht mehr von Arbeitszeit und Freizeit, sondern von „Lebenszeit", denn eine andere Zeit hatte er nicht mehr.

Im Tonstudio lernte er auch spätere Prominente wie Heiner Lauterbach kennen, der damals als Synchronsprecher arbeitete. „Lauterbach hatte eine super Disziplin, wie ich sie nie wieder bei jemand gesehen habe. Das habe ich mir von ihm abgeguckt. Wir haben bis morgens fünf im Roxy gefeiert, und um acht standen wir wieder auf der Matte", sagt Unrau, und weiter: „Dann wurde literweise Kaffee gekocht und für Heiner gab es eine Flasche Wodka dazu."

Patrick Duske alias Tom Morgan und Burkhardt Unrau alias Burks, 2009 auf dem Dach des Löwen.

1984 drehte die Hitdorfer-Truppe in nur 16 Tagen den Kinofilm „Eine Frau für gewisse Stunden". Die Hauptdarsteller waren Wolfgang Müller, Hardy Krügers Tochter Christiane Krüger, Jürgen Zeltinger, Bernd

Unrau, das Kirmeskind: Hier im Autoscooter für die Einladung zu seinem 50. Geburtstag 2002.

Herzsprung und Heiner Lauterbach, für den es der erste Film seines Lebens war. Unrau spielte nicht mit, sondern übernahm die Aufgabe als persönlicher Betreuer und Fahrer von Christiane Krüger. Wie intensiv seine Betreuung war, darüber schweigt er sich aus.

Der Kinofilm floppte. Später lief er im Fernsehen. „Meistens nachts um zwei oder drei Uhr, wenn man nicht mehr weiß, was man noch abspielen soll", sagt Burkhardt Unrau und lacht. Lachen muss er auch bei der Erzählung über die Aufgabe, Pornofilme zu synchronisieren. „Da wurde wenig gesprochen, und wir konnten mit viel Gestöhne eine schnelle Mark verdienen", sagt er.

Nach zwei Jahren exzessiven Lebens stellte sich Burkhardt Unrau erneut Fragen über sein Leben, auch die, wie alt er denn werden wolle. „Ich hatte Raubbau mit meinem Körper betrieben", sagt er, „unsolide gelebt, wenig Schlaf, immer aktiv, um das Leben so intensiv wie möglich zu genießen." Er beschloss zum zweiten Mal, sein Leben zu ändern. Heiner Lauterbach brauchte länger dafür. „Wenn er vor zehn Jahren keine Kehrtwende gemacht hätte, wäre er heute tot", glaubt Unrau.

Seine eigene zweite Kehrtwende gestaltete sich schwieriger als die erste. Er hatte von der Hand in den Mund gelebt. Keine Ersparnisse, dafür Schulden und keinen Job. Burkhardt Unrau fragte bei seinem ehemaligen Arbeitgeber Köttgen an, ob dieser ihn wieder einstellen würde – und erhielt eine Absage. Er verkaufte seinen Mercedes beim Porzer Gebrauchtwagen-

BURKHARDT UNRAU

Markt am Autokino, lief mit 6 000 Mark in der Tasche zu Fuß nach Bergisch Gladbach zurück und tilgte damit bei der Bank seine Schulden. Als Geschäftsführer im Gladbacher Kultclub „Les Fleurs" und dem Verkauf von Ferienwohnungen in Holland hielt er sich ein Jahr über Wasser, fand aber keine Befriedigung darin.

VERSICHERUNGEN AUF DEM BIERDECKEL

Wieder war es ein Freund, der den Wegweiser aufstellte. Diesmal hieß er Conny Nickel und sagte: „Du musst jetzt etwas Vernünftiges machen, sonst kommst du unter die Räder!" Was dann, wie die Jungfrau zum Kinde, auf Burkhardt Unrau zukam, war genau das, was gemeinhin unter „etwas Vernünftiges" verstanden wird. Er bekam einen Job bei der DKV-Versicherung. Conny Nickel riet ihm: „Wenn du dir jetzt die Haare schneidest und einen Anzug anziehst, so sieht das bestimmt gut aus." Unrau folgte dem Rat. Genau drei Tage. Dann ließ er Anzug Anzug sein und die Haare wieder wachsen.

Bei dem Beruf Versicherungen zu verkaufen aber blieb er. „Ich war selbstständig, konnte mir die Zeit frei einteilen und trotzdem noch meinen Hobbys Kirmes und Musik nachgehen", sagt Unrau. Das Leben passte wieder für ihn. Er kombinierte den Versiche-

rungsagenten mit dem Geschäftsführer des Schaustellervereins in einer Person, als wenn dies das Normalste von der Welt wäre. Und vielleicht ist es das ja auch. Zumindest für anpackende Lebenskünstler wie Burkhardt Unrau.

In der Laurentiusstraße eröffnete er Ende 1985 sein eigenes Büro. Direkt daneben zog das „Ilias" ein, das zur neuen Szenekneipe der Gladbacher und zu Burkhardt Unraus zweitem Wohnzimmer wurde. Nachdem die Standardthemen des Thekengesprächs abgearbeitet waren, begann man sich

Künstler und Macher: Auch am Schlagzeug immer in Bewegung.

BURKHARDT UNRAU

Mitglieder des Junge Unternehmer Club Bergisch Gladbach e. V. (JUC), 1995.

im „Ilias" kennenzulernen, sprach über Berufe und Geschäfte – und über Versicherungen. „Da habe ich die Versicherungen mal eben in der Kneipe neben meinem Büro verkauft", erzählt Unrau – unterschrieben wurde auch schon mal auf dem Bierdeckel.

1991 gründeten 14 junge Unternehmer nach einer in der Kneipe geborenen Idee den „Junge Unternehmer Club" (JUC), um sich gegenseitig zu unterstützen und zu helfen. Unrau ist ihr Vorsitzender, und der Verein unterstützt vor allem die Allgemeinheit. Der 1993 begründete JUC-Cup ist inzwischen das größte internationale F-Jugend-Benefizturnier in Deutschland. 2005 und 2009 produzierte der JUC zwei Filme, in denen Tom Morgan alias Patrick Duske die Welt vor dem Schurken Burks rettet. Dessen Rolle übernahm Burkhardt Unrau und „nebenbei" führte er auch Regie. Die Erlöse seiner Aktionen spendet der JUC regelmäßig dem Verein „Bürger für uns Pänz" – bislang über 100 000 Euro. Der Kreis wie die Stadt Bergisch Gladbach ehrten Burkhardt Unrau mit silbernen und goldenen Ehrennadeln. Seit 2005 ist er Hauptkoordinator bei der Dinnershow „Weihnachtsengel" seines Freunds Tommy Engel. Organisieren kann er einfach. Insbesondere lebte Burkhardt Unrau aber immer getreu dem Motto des JUC: „Gemeinsam was bewegen." Und das Bewegen – sei es sich selbst oder andere – war schon immer seine große Stärke.

NORBERT UND HORST BECKER

Der Schuldner, der mit einer Idee bezahlte
Trockenes Mauerwerk mit den Gebrüdern Becker
und der Firma ISOTEC

Das gutmütige Herz ihrer Eltern war für die Brüder Horst und Norbert Becker der Grundstein zum geschäftlichen Erfolg. „Meine Eltern hatten jemandem Geld geliehen, der aber nie in der Lage war, ihnen das zurückzuzahlen", erzählt Norbert Becker. Statt Geld hatte der säumige Schuldner jedoch etwas anderes von beachtlichem Wert. Er hatte entdeckt, wie sich Mauerwerk wirksam trockenlegen lässt und gab seine Erfindung an die Familie Becker weiter.

Kurz gesagt, wird bei dem Verfahren ein Spezialparaffin ins Mauerwerk injiziert, das aufsteigende Feuchtigkeit sicher beseitigt. Mit diesen Kenntnissen gründete Horst Becker 1983 die Firma „Horst Becker Isoliertechnik", die drei Jahre später zur „Gebrüder Becker GmbH" wurde. Feuchte Keller gab es genug – Kunden auch. Horst Becker entschloss sich, Geschäftsidee und Geschäftserfolg zu vervielfältigen. So entstand die Firma „ISOTEC Franchise-Systeme GmbH".

Mitarbeiter der Firma Gebrüder Becker Anfang der 90er.

NORBERT UND HORST BECKER

Norbert Becker (links) und Horst (Mitte) bei einer Produkt-Demonstration.

Heute hat ISOTEC deutschlandweit 75 Franchisenehmer, aber die ersten zu begeistern war nicht einfach. Vielleicht waren die Menschen im Osten Deutschlands nach dem Mauerfall offener für neue Beschäftigungsarten. Vielleicht gab es dort auch besonders viele feuchte Keller. Auf die ersten Anzeigen meldeten sich auf jeden Fall nur Interessenten aus dem Osten und jeder, der wollte, hätte auch mitmachen dürfen. Der gelernte Dachdecker Norbert Becker übernahm die Aufgabe, den neuen Franchisenehmern die technischen Hintergründe zu erklären. Unterstützung sollte er dabei von einem Mitarbeiter der Firma Remmers aus dem Bereich Bauchemie erhalten. Aber die konstruktive Zusammenarbeit lief in jenem ersten Einführungsseminar zunächst gründlich schief.

NORBERT UND HORST BECKER

EIN WENIG KOLLEGIALER KOLLEGE

„Als ich den Vorteil der chemischen Behandlung durch Paraffin erklärte, erklärte der Kollege der Firma Remmers plötzlich lang und breit, dass Paraffin eigentlich totaler Quatsch sei", erzählt Norbert Becker und lacht.

Damals war ihm weniger zum Lachen zumute. Im Nachhinein glaubt er, dass die Diskussion über die Vor- und Nachteile der Methode, die nach kurzzeitiger Verwirrung einsetzte, die Teilnehmer eher positiv stimmte. Sie gab ihnen das Gefühl, ISOTEC setze sich kritisch mit der Materie auseinander. Das schuf Vertrauen und unterm Strich war dieses erste Seminar so erfolgreich, dass es als eigentlicher Start der Firma bezeichnet werden kann. Das war 1990. „Wir wurden Weltmeister und haben das nur dadurch mitbekommen, dass draußen die Leute hupend vorbeifuhren, während wir im Büro saßen und arbeiteten. Das war uns wichtiger als das Deutschlandspiel", berichtet Norbert Becker von den Anfängen.

Die anfangs 20 Franchisenehmer mussten einen Betrag von 20 000 Mark an ISOTEC zahlen, die Horst Becker ihnen aber zunächst stundete. Das Finanzamt jedoch interessierte die Kulanz des Unternehmers wenig, sondern nur das geltende Recht. Nach diesem war die Umsatzsteuer auf die ausgestellten Rechnungen sofort zu zahlen, egal ob ein Zahlungseingang zu verzeichnen war oder nicht. Das Amt forderte – für Becker unerwartet – eine hohe fünfstellige Summe. „Das hätte mir fast das Genick gebrochen", sagt Horst Becker.

Er sprach persönlich beim Finanzamt vor. „Mit einem Scheck über 10 000 Mark stand ich vor dem Beamten und versprach hoch und heilig, die nächsten Monate jeweils weitere 10 000 Mark zu zahlen", erzählt er. Der Finanzbeamte gab nach. Wie er sein Versprechen erfüllen sollte, wusste Horst Becker allerdings nicht. Es war schlicht kein Geld da. Selbst Bruder Norbert musste über Aushilfsquittungen abgerechnet werden. „In Ost-Deutschland hatte ich groß was aufgebaut und zu Hause wurde mir der Boden unter den Füßen weggezogen, aber es war ja meine eigene Dummheit", sagt Horst Becker.

Bluten musste damals die Cashcow der ISOTEC, die Gebrüder Becker GmbH, deren Gewinne in die Franchise-Firma flossen. Norbert Becker: „Einmal saß ich drei Tage mit einem Architekten zusammen und habe verhandelt. Ein Projekt mit 1,2 Millionen Umsatz für die Gebrüder Becker. Ich war so glücklich, da er die Summe direkt überwiesen hat." Die Sekretärin zerstörte damals sein Glück mit den Worten „Kein Geld mehr da. Horst hat für ISOTEC abgebucht!" Becker: „Da bin ich zusammengebrochen. 500 000 waren direkt wieder weg." Er wusste kaum, wie der nächste Bohrer bezahlt werden sollte. Auch Brüder und Geschäftspartner bekommen schon mal Streit.

SCHLAFEN, WO ANDERE FRÜHSTÜCKEN

Norbert Becker übernahm auch die Schulungen und Einarbeitungen vor Ort. Für Personal war kein Geld da. Mit seinem tiefergelegten Golf GTI fuhr er gen Osten: Leipzig, Dresden, Erfurt, Berlin. Nach der ersten Reise kam er mit dem Frontspoiler im Kofferraum zurück, weil sieben Zentimeter Bodenfreiheit für die neuen Länder nicht genug waren. Anfang der 1990er war er bei der Berufsfeuerwehr und schob 24-Stunden-Dienste. An den freien Tagen fuhr er in den Osten, war bei Ausbildungen oder in der Firma der Gebrüder Becker eingebunden. „Nebenher" war er Vater geworden und baute ein Haus. „Es war die Hölle", sagt er. „Ich habe Tag und Nacht gearbeitet, und wenn mal nicht, dann konnte ich nachts noch aufstehen und den Notarztwagen fahren."

Nicht selten saß er während des Wartens auf Einsätze bei der Feuerwehr am Laptop und bereitete seine Schulungen vor. Versteckt im Spind lag sein erster C-Mobil-Telefon-Koffer. Mit einem „Knochen" als Hörer war er in der Vorzeit der Handygenerationen bereits mobil erreichbar für die Firma. Immer jedoch auch nicht, daher übernahm seine Mutter den regelmäßigen Telefondienst – eine tragende Säule und wohl auch die gute Seele der Firma. „Ich erinnere mich, dass oftmals Kunden anriefen und sauer wurden, wo denn unsere Mitarbeiter blieben. Sie hat es dann mit ihrem Charme immer geschafft, die Leute zu besänftigen", erzählt Becker.

Eine Geschichte aus dem Besuch im Osten blieb dem ISOTEC-Ausbilder besonders gut in Erinnerung. Von Bergisch Gladbach aus buchte er immer sein Hotelzimmer. Für einen Termin in Leipzig wurde es jedoch eng, denn wegen einer großen Messe war kein Zimmer mehr zu finden. Schließlich hatte er jemanden an der Strippe, der ihm eine Übernachtung für stolze 175 Mark anbot. Er schlug zu. Was blieb ihm übrig.

Im Hotel angekommen, fand er sich in einer Art Wohnzimmer wieder, in dem eine Auszieh-Couch stand. „Gut, dachte ich mir. Dann wird gleich noch die 25-jährige Tochter dazu kommen, denn für 175 Mark wird einem schon was geboten werden", erzählt Norbert Becker. Geboten wurde ihm auch etwas. Zwar nicht die Tochter, dafür aber alle anderen Gäste. „Es war mitten in der Nacht, als ich ankam. Da bin ich nur noch ins Bett gefallen", erzählt Becker weiter. Am nächsten Morgen wurde er um halb sechs geweckt. Er stellte fest, dass das „Wohnzimmer" der Frühstücksraum war und seine Couch nur mit einem Stoffvorhang von jenen abgetrennt, die sich in aller Frühe bereits ihre Marmeladenbrötchen schmierten.

Heute ist Norbert Becker nicht mehr bei ISOTEC, sondern Geschäftsführer des Bauingenieurbüros Becker und Partner GbR.

MARTIN WINKEL

Millionen mit Brötchen verdient
Wie gewonnen, so zerronnen – Winkel-Potthoff gibt es heute nicht mehr

Winkels Elternhaus 1951, Hauptstraße 246, wo alles begann ...

Das Leben von Martin Winkel hat etwas von einer Tragödie und auch etwas von einem Hollywood-Film. Der Bergisch Gladbacher war Inhaber eines Bäckerei-Imperiums und mehrfacher Millionär, verlor dann alles und steht mit über 60 Jahren wieder jeden Tag selbst in der Backstube, um den Lebensunterhalt der Familie zu sichern.

Begonnen hatte alles in der Hauptstraße 55, in der Vater Arnold Winkel seine erste Bäckerei-Filiale eröffnete. Die Backstube war in der Mülheimer Straße. Zuvor hatte Martin Winkel als Schüler zusammen mit dem Vater an den Haustüren Brot verkauft. Anfang 1966 wurde das Geschäft durch einen Stand am Markt erweitert. „Wir hatten an manchen Tagen zwischen sechs und ein Uhr Einnahmen von 3 000 Mark. Das war der Wahnsinn", erzählt Winkel. Er selbst stand um vier Uhr auf, baute den Stand auf und ging dann zur Schule. Mittags baute er den Stand wieder ab und brachte ihn weg. Schon mit 17 Jahren erhielt er eine Sondergenehmigung, den Führerschein machen zu dürfen, da er im elterlichen Betrieb half, Brötchen auszufahren. Die nächste Filiale wurde in der Handstraße eröffnet. Flexibilität war damals schon die Stärke der Winkels. Auf Anruf wurde auch nachmittags um fünf nochmal die Teigmaschine angeworfen. Die Kunden waren zufrieden.

... und die heutige Ansicht.

MARTIN WINKEL

Im Ferienhaus in Blecher fiel Weihnachten 1969 die Entscheidung, dass Martin Winkel sein Studium schmiss, um sich ganz dem Bäckerhandwerk zu widmen. „Ich habe meinen Eltern gesagt, dass ich etwas im Kopf hätte, was es noch nicht gibt", erzählt er. Die Eltern vertrauten ihm. Bei der Innungsversammlung traf Winkel auf Bäckermeister Bernhard Potthoff, der seine Bäckerei an der oberen Hauptstraße gegenüber dem Kino hatte.

„Der Bernie Potthoff war knapp 20 Jahre älter als ich und ein toller Typ", sagt Winkel. An diesem Abend entstand die Urzelle der späteren Bäckerei Winkel-Potthoff. Doch immer wenn Martin Winkel versuchte, telefonisch mit Bernhard Potthoff Kontakt aufzunehmen, wurde er von dessen Frau vertröstet, ihr Mann würde noch schlafen. Winkel fuhr schließlich persönlich zu Potthoff und war erstaunt. „In seiner Garage stand ein flammneuer 350 SL Cabrio", sagt er. „Das war schon seltsam, und ich wollte unbedingt hinter das Geheimnis von Bernie Potthoff kommen."

ROBERT REDFORDS HOLZHAUS

Bei einer Cabrio-Fahrt löste sich das Geheimnis. Es gab damals ein Nachtbackverbot, das das Backen vor vier Uhr aus sozial-politischen Gründen untersagte, um zu lange Arbeitszeiten der Mitarbeiter zu unterbinden. Doch Potthoff war nicht angestellt, er war Chef seines Ladens. Daher habe er bereits allein in der Backstube angefangen und seine Mitarbeiter seien um vier Uhr dazu gestoßen. So hatte er, erzählt Winkel, bis sechs Uhr schon 300 Brote vorbereitet und konnte als einer der ersten verkaufen. Danach habe er bis mittags geschlafen, womit sich für Winkel die telefonische Nichterreichbarkeit klärte.

Als Martin Winkel mitten auf der Hauptstraße Räumlichkeiten angeboten wurden, war er sicher, dass es genau diese Lage sein sollte. Da er die 3 000 Mark Monatsmiete jedoch nicht aufbringen konnte, stieg Bernhard Potthoff ein. Dort, wo jetzt Peek & Cloppenburg steht, wurde die erste Winkel-Potthoff-Filiale eröffnet. Auf 3 000 bis 6 000 Mark beziffert Martin Winkel die Tageseinnahmen. Das Geschäft ging auf, und es wurde ein Café angeschlossen. 1975 legten die Familien Winkel und Potthoff ihre Backstuben zusammen.

Es war der Beginn eines steilen Aufstiegs: Auf 70 Filialen von Rhein-Sieg bis Düsseldorf mit 700 Mitarbeitern und 70 Millionen Mark Umsatz sollte es Winkel-Potthoff bringen. Vom Schwarzbrot bis zur Hochzeitstorte produzierten sie alles. Bis zu 20 000 Brote wurden am Tag hergestellt, und auf dem Hof standen regelmäßig zehn Lkw, die Waren ausfuhren. „Durch die Zusammenlegung der Backstuben konnten wir Druck in Richtung Verkauf ausüben, wir konnten das Ding quasi aus den Nähten platzen lassen und dreimal am Tag einen voll beladenen Lkw in die Filialen schicken. Ein normaler Bäcker war dazu gar nicht in der Lage", erzählt Winkel über das Marketing-Konzept, das auch in den HUMA-Märkten zum Erfolg führte.

Martin Winkel selbst wurde Millionär, fuhr mit 20 Jahren seinen ersten Porsche. Anfang der 70er-Jahre bestellte er per Katalog ein Holzhaus, wie es im Original Robert Redford hatte. Exakt dieses Haus wurde ihm aus Kanada per Schiff angeliefert. Geld spielte für ihn zu diesem Zeitpunkt keine Rolle. Er lernte Heiner Kamps und Fritz Merzenich kennen, die ebenfalls begonnen hatten, Backwaren-Imperien aufzubauen. Mit Merzenich einigte er sich auf eine Gebietsaufteilung, denn die Eröffnung einer Winkel-Potthoff-Filiale in Köln-Kalk war zuvor gescheitert, da drei Häuser weiter Merzenich den Brötchenpreis auf fünf Pfennig gesenkt hatte. In der Folge ging Merzenich nicht ins Bergische und Winkel-Potthoff hielt sich aus Köln fern.

DAS ENDE EINES IMPERIUMS

Doch das gemeinsame Glück endete, als Bernhard Potthoff sich mit 60 Jahren zur Ruhe setzen und seinen Anteil verkaufen wollte. Weder Winkel noch der kontaktierte Merzenich konnten diesen Betrag aufbringen und so ging das Unternehmen über in die Hamburger „Alster Bäckerei Beteiligungsgesellschaft", in der Martin Winkel Geschäftsführer wurde. Doch auch diese scheiterte. Ein Großteil der Aktien ging 1998 an Kamps über. Für Winkel endete das, was einst mit kleinen Brötchen begonnen hatte, im Desaster. Er verlor nach eigenen Angaben zehn Millionen Mark.

„Ich habe mich dann teilweise in eine Scheinwelt begeben und nach außen allen vorgespielt, es sei alles in Ordnung", erzählt er. „Natürlich sind alle Luxusgüter weg. Das bitterste ist aber, dass deine Familie an dir zweifelt. Früher war der Papa der Held, der alle beschützt hat und alles kann, und jetzt hat er nichts mehr. Eigentlich ist es wie in Hollywood und ein Wunder, dass meine Frau das mitgemacht hat."

Das aus Kanada importierte Robert-Redford-Haus im Hinterhof der Hauptstraße 55.

MARTIN WINKEL

Martin Winkel mit Sohn Christoph. Die gute Ausbildung seiner Kinder hatte für den Vater stets Priorität.

Martin Winkel versuchte wieder auf die Beine zu kommen, nahm verschiedene Stellen an, unter anderem für Kamps und Merzenich. Winkel erzählt von einem Lebensstandard, der weit von dem abweicht, den er mal hatte: Kein Urlaub und die billigste Kleidung wird aufgetragen. Das Wichtigste sei ihm allerdings immer die Zukunft der fünf Kinder und ihre gute Ausbildung gewesen. Zwischendurch hatte Martin Winkel eine Bäckerei in Rodenkirchen übernommen. Den Kauf hatte die Bank zwar finanziert, allerdings gab sie kein Geld für die Sanierungsarbeiten. Deshalb musste er diese aufgeben. Doch Martin Winkel kämpft weiter.

Heute nur noch Erinnerungswert: Das Logo Winkel und Potthoff 1998.

HERBERT ERNST

Zum Kirche streichen die falsche Religion
Warum einst Lackfarbe nicht mit Geld zu bezahlen war

Früher habe er eigentlich immer nur „Latzhosen" getragen, sagt Herbert Ernst. Weil er die so bequem fand. Der Malermeister mit eigenem Betrieb fühlte sich trotz Latzhosen-Vorliebe nie als der geborene Handwerker, viel lieber hätte er eine anders geartete Ausbildung gemacht. Aber die Umstände waren wie sie waren.

Herbert Ernst und sein erstes Firmenauto Ende der 50er.

An seine Schulzeit erinnert Herbert Ernst sich gut und gerne. „Wir waren dreißig Jungen in der Klasse und während der Kriegszeit hatten wir keine Schule", erzählt er. Als es schließlich um die anstehende Entlassung ging, eröffnete der Lehrer seinen Schülern, dass nur zehn von ihnen das Niveau der 8. Klasse hätten. Die anderen müssten eben noch etwas länger in die Schule gehen. So einfach war das damals. „Zu den zehn gehörte ich dann wohl", sagt Ernst bescheiden. Tatsächlich hatte er ein so gutes Zeugnis, dass sich ein Studium angeboten hätte. Doch sowohl zu diesem Zeitpunkt als auch nach der Gesellenprüfung, als sein Berufsschullehrer ihm empfahl, eine Ausbildung zum Gewerbelehrer zu machen, hatte Herbert Ernst andere Pläne. Zunächst war es eine Lehre, später war es die Meisterprüfung.

Im Nachhinein erinnert er sich schmunzelnd an die Suche nach einer Lehrstelle. Um Ecken erfuhr er, dass ein Anstreicher einen Lehrling suchte. „Ich habe mir Namen und Adresse besorgt und bin nach der Schule dahin und habe ihn gefragt, ob er einen Lehrling brauche", erzählt er. So einfach war das damals. Doch anscheinend war die Information falsch, denn der Maler winkte mit der Begründung „Nicht in der jetzigen Zeit" ab. Aber Herbert Ernst ließ nicht locker und löste das Problem mit Hartnäckigkeit.

HERBERT ERNST

Firmenwagen im Einsatz Ende der 60er.

„Immer wieder bin ich dann dahin gegangen, bis der Meister schließlich sagte: Wir können es ja mal versuchen."

FARBE IST SCHWERER ALS KAFFEE

Der Versuch gelang und 1949 legte Herbert Ernst seine Gesellenprüfung ab. Endlich verdiente er sein eigenes Geld. Naja, fast. „Mein erster Lohn als Geselle waren 48 Mark in der Woche für 50 Stunden Arbeit", sagt er. „Die musste ich allerdings restlos zu Hause abgeben." Das Problem des fehlenden eigenen Geldes löste er im wahrsten Sinne des Wortes „nebenbei". „Ich war schon sehr früh Schwarzarbeiter, schon als Lehrling", gesteht er und fügt hinzu: „Da bin ich heute ehrlich genug, es wird mich niemand mehr anzeigen. Ich war nicht der Einzige in der Zunft."

Die Nachkriegsjahre waren besondere Jahre. „Geld war ja nichts wert, man bekam dafür nichts", sagt Ernst. Statt-

HERBERT ERNST

dessen wurde getauscht. So fuhr der Lehrling eines Tages im Auftrag seines Chefs mit einem Paket Kaffee unter dem Arm mit der Straßenbahn nach Köln, um einzukaufen. „Alle Fahrgäste hielten schnuppernd die Nase in die Luft, um zu ergründen, woher der Geruch wohl komme, denn Kaffee war damals eine Rarität", erzählt er. Mit seiner kostbaren Fracht stiefelte er in den zweiten Stock zum Malerhandel Johann Josef Jung und tauschte dort den Kaffee gegen einen 30-Liter-Hobbock-Lackfarbe ein.

Unterschätzt hatte er allerdings, dass dieser deutlich schwerer in der Hand lag als das Paket Kaffee, der Weg zurück jedoch gleich lang blieb. Nahe der Station „Kieppemühle", an der er aussteigen musste, klingelte er bei einem Kunden und bat darum, den Hobbock abstellen zu dürfen. Befreit von der Last lief er zur Werkstatt und holte den Karren. Manchmal musste Herbert Ernst von Bergisch Gladbach nach Mülheim gleich ganz zu Fuß und mit Karren laufen – 13 Kilometer bis zur Berliner Straße. „Ich war fast den ganzen Tag unterwegs. Da mache ich dem Chef auch keine Vorwürfe, das war damals so", sagt er. Zumindest war der Verkehr damals deutlich überschaubarer als heute.

Herbert Ernst bei der Renovierung einer Kirche.

HERBERT ERNST

DER „UNGLÄUBIGE" MALER

1959 machte sich Herbert Ernst selbstständig. In Helmut Duske, seinem späteren Schwager, hatte er nicht nur einen Freund, sondern auch einen Kollegen gefunden, mit dem er gemeinsam Aufträge bearbeiten konnte. Einer davon war der Anstrich der katholischen Kirche St. Josef in Heidkamp. Der Auftrag war nur mit mehreren Leuten zu bewältigen. „Es wurde ein vierstöckiges Gerüst im Gotteshaus aufgebaut und pro Gerüstlage ein Mitarbeiter postiert. Wir standen untereinander, sodass alles nass in nass gestrichen werden konnte und es keine Ansätze gab", erklärt er.

Auch Helmut Duske stand mit in der Kirche, und das sollte ein Nachspiel haben. Nicht etwa, weil Duske die Arbeiten nicht zur Zufriedenheit ausgeführt hätte, sondern schlicht weil Duske evangelisch war – und St. Josef schließlich eine katholische Kirche. Neider beschwerten sich damals beim Pfarrer. „Heute redet da kein Mensch drüber, aber damals?", sagt Herbert Ernst, der umgehend zu Pfarrer Hoesen schritt, um ihn darauf anzusprechen. Zuvor hatte er sich bereits eine Erklärung zurechtgelegt. Schließlich sei Helmut Duske der Mann seiner Schwester – und diese sei ja katholisch und die gemeinsamen Kinder auch. Aber die Rechtfertigung war gar nicht nötig, denn Pfarrer Hoesen sagte zum Anstrich seiner katholischen Kirche durch einen evangelischen Maler nur zwei Wörter: „Na und?!"

Herbert Ernst hatte seinen Betrieb bis zum Jahr 1996. Während all seiner Zeit als selbstständiger Handwerker besaß er – wie die meisten damals – kein Mobiltelefon. Für die jüngeren Generationen heute unvorstellbar, doch damals ging es auch ohne. „Morgens bin ich aus dem Haus auf die Baustellen und mittags kam ich immer nach Hause zum Essen. Wenn jemand etwas von mir wollte, so rief er mittags bei mir an, und ich konnte dann am Nachmittag noch dort vorbeifahren", sagt Ernst. So einfach war das damals. Auch Anrufbeantworter gab es nicht, aber dafür Ehefrauen, die als solche fungierten. „Wenn es dringend war, hat meine Frau bei dem Kunden angerufen, bei dem ich gerade gearbeitet habe und mir etwas ausrichten lassen oder mich an den Apparat verlangt", erzählt Herbert Ernst. „Im Notfall war ich auch ohne Handy erreichbar. Ich brauchte das Ding nicht. Ich mag die heute noch nicht", sagt er, sichtlich genervt über die Tatsache, dass eine permanente Erreichbarkeit inzwischen selbstverständlich geworden ist.

DIE BRÜDER LINZENICH

Schluckimpfung in der Mucki-Bude
Heute geht es im Fitness-Bereich mehr um Gesundheit als um gestählte Muskeln

In 30 Jahren vom Karateverein über Mucki-Bude zu einer Kette moderner Fitness-Center – die Brüder Linzenich haben nicht nur einiges über die Entwicklung ihres Geschäfts zu erzählen, sondern auch reichlich Anekdoten am Rande. Begonnen hatte alles 1982, als Johannes und Ferdinand Linzenich eine Trainingsstätte für den 1. Karate Club Bergisch Gladbach suchten. Ziel war es, dass sich die Räumlichkeiten durch die Mitgliedsbeiträge decken sollten. „Wir hatten damals nicht das Bestreben davon zu leben", sagt Johannes Linzenich.

Fündig wurden sie in der Richard-Zanders-Straße 8. Im Erdgeschoss betrieb der Opel-Händler Josef Cramer sein Geschäft und vermietete über seinen Verkaufsräumen 450 Quadratmeter an die Karate-Club-Mitglieder,

Trainerteam des Gladbacher Sport- und Leistungszentrums, Ende der 80er.

DIE BRÜDER LINZENICH

die dort das „Gladbacher Sport- und Leistungszentrum" eröffneten. Neben Karate gab es Platz für Gymnastik und einen eigenen Raum für Krafttraining. Das Studio war eins von denen, die man damals „Mucki-Bude" nannte. So war auch das Publikum. Träger-Shirts, schwitzende, muskelbepackte Kerls in Träger-Shirts an Freihanteln und beim Kickboxen. Frauen fühlten sich in dieser Gesellschaft eher unwohl. „Frauen achten natürlich wesentlich mehr auf das Publikum", sagt Marc Linzenich, „und wenn sie von den Jungs nur angegafft werden, fühlen sie sich nicht sehr wohl." Aber Anfang der 80er-Jahre war dies überwiegend der Normalzustand für ein Fitnessstudio. Die Betreiber machten damals noch alles selbst: Trainingsstunden geben, Thekenbetrieb und Getränke, Putzen.

TRIMM-RAD MIT TELEFON

Als eines Morgens Marc Linzenich das Studio aufschloss, hörte er bereits Stimmen. Autohändler Josef Cramer, der als Vermieter einen Schlüssel besaß, trat schon in die Pedale des Trimm-Fahrrads. „Er saß schwitzend auf dem Fahrrad und vor ihm lagen mehrere Azubis, denen er Aufgaben diktierte", erzählt Marc Linzenich, und weiter: „Vor allem hatte er keine Sportsachen an, sondern saß in seinem Anzug auf dem Rad." Obendrein hatte sich Cramer von seinen Mitarbeitern außen am Haus vorbei in den Fitnessraum vor das Fahrrad eine Telefonleitung legen lassen. Funktelefone und Handys gab es noch nicht, und Josef

Aerobic-Trainerin im Gladbacher Sport- und Leistungszentrum, Ende der 80er.

Cramer hatte wohl zu viel zu tun, um beim Fitnesstraining auf geschäftliche Kommunikation verzichten zu können.

Wo es etwas zu klauen gibt, wird es wohl auch geklaut. So auch im Fitnessstudio. Zwar verschwanden keine Langhanteln, aber es verschwanden

DIE BRÜDER LINZENICH

Marc (l.), Ferdi (Mitte, stehend) und Johannes (r.) Linzenich, 1998.

Dosen mit Eiweiß-Produkten, die sich im Büro befanden. Dieses war jedoch, wenn ein Mitarbeiter allein war, stets abgeschlossen. Dennoch nahm der unbezahlte Verbrauch an Eiweiß-Dosen stetig zu. Des Rätsels Lösung: Ein Kunde hatte sich durch die Durchreiche zwischen Studio und Büro die Dosen rausgefischt, sie im Treppenhaus eine Etage höher deponiert und später dort abgeholt. Johannes Linzenich hatte immer eine gute Nase für potenziell Verdächtige. So kam er auch dem Übeltäter auf die Schliche und überführte ihn. In regelmäßigem Abstand wurde auch immer mal wieder in den Umkleidekabinen, die damals noch keine Schließschränke hatten, gestohlen.

Um weit weniger als um teure Eiweißprodukte ging es bei einem anderen Diebstahl. In der Damentoilette verschwand das Papier. Eine recht angesehene und engagierte Dame aus der Stadt geriet ins Visier der Geschäftsführung. Als sie eines Tages die Toilette verließ, kontrollierte eine Mitarbeiterin deren Tasche, in der sich tatsächlich mehrere Rollen befanden. Auf weitere Trainingsbesuche der wohl kleptomanisch veranlagten Kundin wurde mit sofortiger Wirkung verzichtet.

DIE BRÜDER LINZENICH

Die Zeiten änderten sich. „Als Anfang der 90er-Jahre die Fitness-Branche einen Schub nach oben machte, hätten wir den fast verpasst", sagt Marc Linzenich. Sie stiegen ein in die Entwicklung und 1995 wurde aus dem „Sport- und Leistungszentrum" das „FAMILY Fitness", das nicht mehr dicke Muckis, sondern gute Gesundheit in den Mittelpunkt des Konzepts stellte. Freihanteln und Träger-Shirts wurden aus dem Studio verbannt, die Herren durften nur noch im T-Shirt trainieren. Damit verschwand automatisch das Publikum, das nicht mehr zum Konzept passte, und die Frauenquote stieg auf 60 Prozent. Aus der Mucki-Bude und Hantel-Schmiede wurde ein seriöses und zukunftsorientiertes Fitness- und Gesundheitsgeschäft.

UNTERSCHRIFTEN IM CONTAINER

Die Brüder eröffneten weitere Filialen. Ein Erfolgskonzept mit Rückschlägen und der ein oder anderen Fehleinschätzung, die in der Regel zum Risiko und Leben eines Unternehmers dazugehören. Trotz sorgfältiger Standortanalyse: eine Garantie für Erfolg gibt es nie. Auch die Euroumstellung und die wirtschaftliche Rezession waren schwierig, aber Linzenichs machten weiter nach dem Motto: „Krise ist ein konstruktiver Zustand, man muss ihm nur den Beigeschmack der Katastrophe nehmen." Die Brüder lernten aus ihren Fehlern, und gerade Rückschläge machten auch vorsichtiger und demütiger für die Zukunft.

Außerdem gab es immer wieder Erfolge, wie die Eröffnung des Studios in Grevenbroich 2002. Dort starteten sie in einem Baucontainer weit vor dem Innenausbau mit einem Vorverkauf. „Wir haben den Leuten nur anhand von Postern erklärt, wie der Club aussehen würde", erzählt Marc Linzenich. Was folgte waren 400 Anmeldungen von Menschen, die die Räumlichkeiten noch gar nicht gesehen hatten, weil sie noch nicht gebaut waren. „Das war der einzige Club, der am Tag der Eröffnung so viele Mitglieder hatte, dass er bereits bei der Eröffnung im Plus war", erinnert sich Marc Linzenich

Heute betreiben die Brüder neben den FAMILY fitness clubs auch den Fitnessdiscounter TOPfit, die KURSboutique mit einem innovativen Frauenstudio-Konzept und den Sportsclub4, wobei die 4 für „fit, schlank, stark, gesund" steht. Es gab Höhen und Tiefen, aber es gab nie ein Kopf in den Sand stecken bei Linzenichs. Dafür aber die ein oder andere ausgefallene Idee, Geschäft und Trainingsalltag in Schwung zu bringen. Dazu gehört die Geschichte mit dem Verkauf im Bauwagen, aber auch die mit der Schluckimpfung:

Die Brüder erzählten ihren Kunden, alle öffentlichen Sporteinrichtungen wären angehalten, für ihre Mitglieder eine Schluckimpfung durchzuführen.

DIE BRÜDER LINZENICH

„Wir nahmen ein Tablett mit Zuckerwürfeln und träufelten einen Tropfen Maggi darauf", erzählt Johannes Linzenich. „Wir wollten einfach nur die Leute veräppeln." Die Sportler nahmen folgsam ihre Schluckimpfung und die Brüder freuten sich wie Bolle über ihren kleinen Scherz.

Über eine Geschichte schütteln die Brüder heute rückblickend eher den Kopf. Eine „völlig bekloppte Geschichte", so Ferdinand Linzenich sei für ihn und Johannes die denkwürdige Rückfahrt nach einem Fortbildungslehrgang von Herkenrath nach Refrath gewesen. Kurz vor der Rückfahrt mit einem weiteren Sportkollegen kamen sie in ausgelassener und spätpubertärer Stimmung auf die verrückte Idee, die ganze Strecke rückwärts zurückzulegen. Am Ende standen eine überhitzte Kupplung, fassungslose Verkehrsteilnehmer und schwerer Muskelkater im Zwerchfell, denn 45 Minuten Dauerlachen während der Fahrt forderten ihren Tribut. Ferdinand Linzenich heute: „Ich würde meinen Sohn wahrscheinlich an den Ohren ziehen, wenn er einen solchen Blödsinn machen würde."

MARIA THERESIA OPLADEN

Das verschlossene Schloss
Jahrzehnte blieb den Bensbergern der Zugang zu ihrem Wahrzeichen verwehrt

Als sie 1999 zur ersten hauptamtlichen Bürgermeisterin von Bergisch Gladbach gewählt wurde, war Maria Theresia Opladen bereits fünf Jahre lang ehrenamtliche Bürgermeisterin und neun Jahre Landtagsabgeordnete gewesen. Schon als Kind kam sie mit der großen Politik in Kontakt, denn ihr Vater Paul Lücke war seit 1949 Bundestagsabgeordneter des Kreises und von 1957–1968 Bundesminister zunächst für Wohnungsbau und dann für Inneres. 1958, sie war zehn Jahre alt, lernte sie Konrad Adenauer persönlich kennen, als dieser nach Bensberg kam, um ihren Vater zu besuchen.

Während ihrer Amtszeit haben und hat Opladen kleine und große Dinge bewegt. „Die Einweihung der kleinsten U-Bahnhaltestelle der Stadt Köln", nennt sie zum Beispiel und meint die Endhaltestelle Bensberg der Straßenbahn-Linie 1. Das größte Objekt jedoch war eines, das ihr – und den meisten Gladbachern – nie zuvor zugänglich gewesen war: das Bensberger Schloss.

„Nach dem Krieg waren gerade in Bensberg viele Liegenschaften durch das belgische Militär beschlagnahmt: die katholische Volksschule, die ehemalige Stadtverwaltung und vor allem das Schloss. Es war für die Bevölkerung eine unzugängliche Bastion", sagt die ehemalige Bürgermeisterin. Die größte barocke Schlossanlage des Rheinlandes, mitten in der Stadt gelegen, war 1946 von den Belgiern übernommen worden. Militär statt Eleganz und Prominenz. Wachposten vor dem Tor statt wandelnder Bürger im Schlosshof. 1965 wurde das belgische Militärgymnasium mit bis zu 1 300 Schülern jährlich im Schloss untergebracht.

KATASTROPHALER ZUSTAND

„Ich habe während meiner ganzen Kindheit keinen Fuß in dieses Gelände setzen können. Alles war hermetisch abgeriegelt", sagt Opladen. Sie war bereits Landtagsabgeordnete als sie ihren Kindheitswunsch endlich umsetzen konnte. Als das belgische Militär abzog und das Schloss 1992 an das Land Nordrhein-Westfalen zurückgab, konnte sie erstmalig einen Blick hinter die Mauern werfen. Dieser war jedoch eher ernüchternd. Das Anfang des 18. Jahrhunderts von Jan Wellem, Herzog von Berg, erbaute Jagdschloss war in einem katastrophalen Zustand. Vom barocken Flair war einzig der Südturm, in dem das heutige Standesamt der Stadt Bergisch Gladbach untergebracht ist, mit einem Deckengemälde erhalten. Die Stuckaturen waren mit preußischer Gründlichkeit während der Jahre als Kadettenanstalt 1840 bis 1918 entfernt worden, bis auf einige Jagdszenen in einem Wandelgang. Die Wände waren dunkelgrün oder blau getüncht und überfliest. Von Herrlichkeit keine Spur.

Noch während von 1993 bis 1997 bosnische Kriegsflüchtlinge in einem Seitenflügel untergebracht waren, gründete sich 1995 der Schlossverein unter Vorsitz von Dr. Ulrich Müller-Frank. Das Interesse der Bensberger Bürger an der Zukunft ihres Wahrzeichens war riesig. „Das war in meinen Augen eine einzigartige und positive Bewegung in der Bevölkerung", sagt Maria Theresia Opladen.

Doch die Zukunft gestaltet sich nicht so schnell. Das Land hatte kein Geld, um das Gebäude zu restaurieren und wollte die lästige Immobilie loswerden. Der Schlossverein schlug vor, das Amtsgericht unterzubringen oder das Personenstandsarchiv aus Brühl nach Bensberg zu verlegen. Doch dies, wie auch ein Bebauungskonzept, wurde abgelehnt.

Nicht immer war der Blick so frei auf das Bensberger Schloss.

MARIA THERESIA OPLADEN

EIN SCHLOSS FÜR EINE MARK

Das Land NRW bot das Schloss für eine Mark zum Verkauf an. Der Schlossverein überlegte, sah sich jedoch nicht imstande, das Gebäude letztendlich instand halten zu können. Doch blieb der Verein wachsam. Als ein Investor das Schloss kaufen wollte, stellte er Nachforschungen an und klärte auf, dass der Investor kurz vor der Insolvenz stand. „Ein weiterer Investor war windig, es gab viele Menschen, die zu diesem Preis auf einmal Interesse an dem Objekt hatten", erzählt Opladen, „weil auf dem Grundstück hinter dem Schloss ein extrem wertvolles Baugelände war. Wir hatten Sorge, dass alles gekauft würde, bebaut und das Schloss als Ruine hinterlassen würde."

Für die Regierung in Düsseldorf war es eine Immobilie von vielen, für die Gladbacher aber war es die entscheidende Immobilie. „Ohne den Schlossverein hätte das Land unser Schloss lieblos an irgendwen verkauft, Hauptsache weg. Durch das große Engagement des Vereins ist es zu dem geworden, was es heute ist", sagt Opladen, die auch selbst entscheidend tätig wurde, denn sie stellte einen Antrag beim Land NRW. „Keine schnelle Mark durch den Verkauf von Schloss Bensberg", forderte sie und stellte damit vor allem eines her: Öffentlichkeit. 1997 trat die Aachen-Münchener Versicherung als Interessent auf, und dann ging alles sehr schnell. In Zusammenarbeit mit der Stadt und dem Schlossverein entstand ein Vertrag, mit dem der Investor das Bensberger Schloss für 13 Millionen Mark kaufte und es mit einem Investitionsaufwand von 140 Millionen Mark zu einem Grandhotel umbauen wollte.

Am 13. Januar 1999 war Richtfest für das Grandhotel Schloss Bensberg. Die Wünsche der Bürger wurden erfüllt: Der Investor hatte von vornherein zugesichert, der Öffentlichkeit in einem solchen Umfang Zugang zu gewähren, der die Hotelgäste nicht behindere oder störe. Er renovierte den Innenbereich, wenn auch nicht im Barock-Stil, und erhielt die besonderen Räume des Schlosses wie etwa den Zanetti-Saal.

Das Grandhotel wurde an Thomas H. Althoff verpachtet. „Wenn man sieht, welche Prominenz heutzutage im Grandhotel Schloss Bensberg absteigt, hätte man sich das nie träumen lassen – deshalb ist es eine absolute Erfolgsgeschichte", sagt Opladen. Und wichtig ist ihr, „dass man die Emotionalität versteht, die uns bewegt hat. Wir wollten das Schloss endlich der Öffentlichkeit zugänglich machen." Für die Bürger und ihre Stadt war und ist es ein Highlight. „Um im Konzert mit anderen Städten zu bestehen, muss man Leuchttürme haben", sagt Opladen. „Schloss Bensberg und auch Schloss Lerbach sind für Bergisch Gladbach solche Leuchttürme."

FRITZ ANTONI

Ein Porsche namens Ferdinand
Der Raumausstatter Antoni wurde bekannt als „Der Riese auf der Wiese"

Von seiner ersten Tageseinnahme am 15. Mai 1965, damals in Leverkusen-Rheindorf, konnte sich Fritz Antoni eine Uhr leisten, die er sich schon immer gewünscht hatte, und einige Jahre später kaufte er seinem wichtigsten Mitarbeiter einen Porsche. Doch Antoni ist keiner, der rumprotzt. Sein Prinzip sind unkonventionelle Lösungen. Die Uhr trägt er heute noch und der Porsche war auch kein Geschenk, sondern ein Tausch gegen Überstunden und freie Tage, die niemals hätten abgefeiert werden können. Die beiden Autofans nannten den Porsche Ferdinand. „Dann bekam keiner was mit, wenn wir uns irgendwo über den Wagen unterhalten haben", sagt Antoni.

Für Fritz Antoni war immer das wichtigste, ein harmonisches Verhältnis zu

So begann das Antoni-Unternehmen am 20. Mai 1968 in Rheindorf.

FRITZ ANTONI

Der erste Fuhrpark des Unternehmens Antoni 1973.

seinen Mitarbeitern zu haben, insbesondere zu seinem langjährigen Mitarbeiter Theo Andree, der Frontmann im Verkauf. Antoni steuerte die strategische Ausrichtung der Firma. Wegen seiner Präsenz im Geschäft hielten viele Kunden Theo Andree für Fritz Antoni, was beide schmunzelnd hinnahmen und nur bei Bedarf richtig stellten.

Bereits mit 19 Jahren wurde Fritz Antoni Vater. Seinen Lebensunterhalt wollte er selbst verdienen und nicht von den Eltern abhängig sein. In der kaufmännischen Ausbildung bei Brügelmann Söhne in Köln-Deutz erhielt er allerdings gerade mal 150 Mark Gehalt. Kurz vor Ende der Lehre ging Antoni zu seinem Ausbilder und wollte wissen, wie viel er danach in der Firma verdienen könne. Sein Chef sagte, er müsse mal in der Schublade nachschauen, was so drin sei. „Er öffnete die Schreibtischschublade – und diese war leer", erzählt Antoni von diesem Moment. Am Ende der Verhandlung waren es dennoch 550 Mark, die er herausgeschlagen hatte – unter strikter Geheimhaltung, denn alle anderen verdienten nur 300 Mark.

Angesichts einer strengen Hierarchie mit rund 2 000 Angestellten konnte der junge Kaufmann sich jedoch ausrechnen, dass er erst in 20 Jahren dort angekommen wäre, wo er gern hinwollte. Fritz Antoni wollte mehr. Und er wollte es schneller. Er wechselte zu einem Leverkusener Bauunternehmer, der nebenbei ein Geschäft mit Farben und Bodenbelägen betrieb. Kurze Zeit später stand das Geschäft vor der Pleite, denn alle Gewinne flossen in das Bauunternehmen. „Ich bin zu ihm hin und sagte, dass ich wüsste, was er da mache", erzählt Antoni. Gleichzeitig bot er ihm an, das Geschäft weiterzuführen. Der Inhaber ließ sein Geschäft in die Insolvenz gehen, und Antoni übernahm es. Da war er 20, hatte Träume und hatte Selbstbewusstsein. Den Lieferanten sagte er: „Entweder ihr beliefert mich oder nicht, aber eure Rechnungen kann ich erst nach drei Monaten bezahlen." Die Lieferanten spielten mit.

DER ZWERG HINTERM BERG

Das Geschäft Antoni war geboren und wartete direkt mit einer bundesweiten Neuheit auf: dem Teppichboden-Paternoster. Der Markt lief zur Zufriedenheit des Jung-Unternehmers, denn dank Bayer Leverkusen zählten gut verdienende Arbeiter zu den Kunden. Aber außer dem Chemiekonzern war seinerzeit nicht viel los in der Stadt. „Wenn Bayer einen Schnupfen hat, hat Leverkusen eine Lungenentzündung", sagt Antoni. Er war ein Unternehmer,

Plakatwand der Firma Antoni mit dem damaligen Werbeslogan auf der Odenthaler Straße.

FRITZ ANTONI

Der rote Porsche Ferdinand.

der Entwicklungen abschätzte, der lieber agierte als reagierte. 1973 zog er mit seinem Markt nach Bergisch Gladbach, wo er mit Zanders und einem breiten Mittelstand eine bessere Infrastruktur erkannte und ließ sich in der Gronauer De-Gasperi-Straße nieder.

In den 80er-Jahren wurde der Markt weit über die Stadtgrenzen hinaus bekannt. Grund war unter anderem ein einschlägiger Werbeslogan: „Der Riese auf der Wiese." Den Spruch hatte Fritz Antoni irgendwo gehört und suchte zunächst Ähnliches: „So dachten wir an ‚Der Zwerg hinterm Berg', aber nichts war so passend wie ‚Der Riese auf der Wiese'." Was die Wiese anging, hatte er geschummelt. „Es war auf jeden Fall noch nicht so bebaut wie heute", sagt Antoni lachend, aber insbesondere war es ein Quadratmeter Grün, der direkt neben dem Geschäftseingang lag und in der Folge sorgsam gepflegt wurde. Wurde der Chef angesprochen, wo denn hier die Wiese sei, zeigte er vielsagend aus der Tür.

NICHT ZUM „KETTENHUND" GEBOREN

Irgendwann begann Antoni, sich Gedanken über einen Nachfolger zu machen. „Mein Sohn wollte die Verantwortung nicht tragen, und das Problem war, dass keiner ein Unternehmen kaufen wollte, das in gemieteten Räumen untergebracht ist", erklärt er die damalige Lage. Ganz davon abgesehen, dass jeder wisse, dass der Umsatz eines inhabergesteuerten Unternehmens nach Übernahme erst mal in den Keller ginge. Er versuchte, das angemietete Gebäude zu kaufen. Die Verhandlungen liefen schlecht, denn der Verkäufer wollte einen Preis „jenseits von Gut und Böse". Übel gelaunt traf er nach dem Gespräch die damalige Bürgermeisterin Maria Theresia Opladen. Auch sie war Kundin bei Antoni, sprach ihn auf seine schlechte Laune an und wusste sie zu bessern. Sie berichtete ihm, dass das Gebäude des damaligen OBI-Marktes an der Mülheimer Straße frei werden würde. „Ich solle mich sofort darum kümmern, dann wäre das bestimmt eine prima Alternative", sagt Antoni. Er schlief eine Nacht darüber – und kaufte das Gelände. Im Jahr 2001 eröffnete er dort den Hammer Heimtex-Markt als Franchiser. „Ich wollte unbedingt ein Unternehmen, das bundesweit aufgestellt war. Hammer war das."

„Die hatten mir eine perfekte Tanzfläche zur Verfügung gestellt, nur tanzen musste ich selber", sagt er. Mit der Frage seines Rechtsanwalts, ob er mit einem konzerngeführten Unternehmen überhaupt zusammenarbeiten könne, beschäftigte er sich nur halbherzig. „Spontan habe ich mit ‚Ja' geantwortet." Erst später erkannte Antoni, dass er zum „Kettenhund" wohl nicht geboren war. Als Unternehmer mit Leib und Seele war er gewöhnt, eigene Entscheidungen zu treffen und dafür auch geradezustehen. Doch bei Hammer steuerte nur einer: der Konzern. Fünf Jahre arbeitete Fritz Antoni als Geschäftsführer im Hammer-Markt, bevor er sich endlich den Ruhestand gönnte. Heute verkauft er Wein und Spirituosen.

Auf einem Antoni-Teppich schritt übrigens einst auch Papst Benedikt XVI. Beim Weltjugendtag 2005 wurde der päpstliche Wohncontainer auf dem Marienfeld mit Ware aus Bergisch Gladbach ausgelegt: 140 Quadratmeter, reine Schurwolle, schlichtes Grau. Nach dem Weltjugendtag wurde der Wohncontainer für viele Tausend Euro über ein Internet-Auktionshaus nach Amerika verkauft. Die schlauen Antoni-Mitarbeiter konnten jedoch zwei Stücke der kostbaren Auslegeware retten. Eins hängte Antoni in sein Büro, eines von 27 mal 15 Zentimetern versteigerte der Kölner Stadt-Anzeiger für einen guten Zweck.

Später selbstverständlich, bei Antoni damals eine Neuheit: der Teppich-Paternoster.

ANNEGRET FLECK

Der Wettkönig der AOK
Die Regionaldirektorin erzählt aus über 30 Jahren Ortskrankenkasse

Der 2. August 1971 war für Annegret Fleck ein ganz besonderer Tag ihres Lebens. Es war ihr 16. Geburtstag und gleichzeitig ihr erster Arbeitstag bei der AOK in Bergisch Gladbach. Über 30 Jahre später ist die Bergisch Gladbacherin immer noch bei der AOK – inzwischen als Regionaldirektorin. Zu erzählen hat sie nicht nur Anekdoten aus ihrer eigenen Zeit, sondern auch Geschichten aus der Zeit, als in der Liste der versicherten Berufe noch die Steinbrecher und Kalkbrenner standen.

Jener besondere 2. August ist Annegret Fleck bis heute lebhaft in Erinnerung. Sie war aufgeregt, wie jeder an seinem ersten Tag als Auszubildender. Als sie ihren ersten festen Platz zugewiesen bekam, legte sich die Aufregung und wich einem Gefühl des spontanen Wohlfühlens. Allerdings währte das Gefühl nicht lange. Um elf Uhr besuchte der Abteilungsleiter seine neue Auszubildende und eröffnete ihr: „Frau Wübbolt, Sie haben ja heute Geburtstag und bei uns ist es üblich, dass die Geburtstagskinder mittags nach Hause gehen dürfen."

Was nett gemeint war, kam nicht so an. Für die 16-jährige Annegret Fleck,

geborene Wübbolt, brach morgens um elf eine Welt zusammen. „Ich war so traurig, weil ich endlich meinen Arbeitsplatz gefunden hatte und mich

30 Jahre Sitz der AOK in der Hauptstraße 129–131, heute RheinBerg Galerie.

gerade an mein neues Umfeld gewöhnen konnte – und da haben die mich schon wieder nach Hause geschickt",

ANNEGRET FLECK

Hotel Bergischer Hof am Markt in Bergisch Gladbach, Tagungsort der Generalversammlung der AOK im Jahr 1884 (Quelle: Postkartensammlung Stadtarchiv Bergisch Gladbach).

Erster Verwaltungssitz der AOK in der Wilhelmstraße 156, heute Hauptstraße 282. Ansicht aus dem Jahr 1993.

ANNEGRET FLECK

erzählt sie. Zu Hause angekommen, wurde die Stimmung nicht besser. „Als ich klingelte und meine Mutter öffnete, bekam sie einen riesigen Schreck. Sie dachte nämlich, die Zeit ihrer Tochter bei der AOK wäre vorbei, bevor sie richtig begonnen hatte", erzählt Annegret Fleck.

EIN WERTVOLLER OBERSCHENKEL

Dass ihre Tochter 30 Jahre lang Karriere bei der AOK machen würde, hätte die Mutter an jenem Augusttag wohl eher nicht geglaubt. Nach der Lehrzeit als Sozialversicherungsfachangestellte und einer Fortbildung als Fachberaterin für den gehobenen Dienst, wechselte Annegret Fleck ab 1983 nach Köln, Düsseldorf, Remscheid, Hürth und erneut nach Düsseldorf. 2008 schloss sich der Kreis und sie kam als Regionaldirektorin dorthin zurück, wo alles – zumindest bis morgens um elf – einmal angefangen hatte. Ihren Wohnsitz hatte sie jedoch all die Jahre im Bergischen behalten.

Zur Arbeit gehören auch Kollegen und gehören Erlebnisse auf Betriebsausflügen. Annegret Fleck erzählt von einem Ausflug an die Mosel, an dem ein Mitarbeiter diebischen Spaß daran fand, sich seine Getränke bezahlen zu lassen. Er wettete mit den Einheimischen, dass er sich ein Messer ins Bein rammen könne, ohne eine Miene zu ver-

Verwaltungsgebäude der AOK Bensberg, Am Markt 6 (Quelle: Foto aus Privatbesitz Käthe Kierspel).

ANNEGRET FLECK

Neubau an der Bensberger Straße.

Charakteristisches Großraumbüro im Neubau der AOK.

ANNEGRET FLECK

ziehen. Ungläubig wie neugierig gingen die meisten gerne auf die Wette ein. Der AOK-Wetter stach sich daraufhin mit seinem Taschenmesser in den Oberschenkel, verzog tatsächlich keine Miene und bestellte freudestrahlend eine weitere Runde auf die Einheimischen. Erst dann erzählte er ihnen von seinem Holzbein.

Die AOK in Bergisch Gladbach hat eine lange Geschichte. Als sie 1884 gegründet wurde, zählte sie gerade einmal 402 Mitglieder. Zuständig war die Ortskrankenkasse ausgewiesener Maßen insbesondere für Steinbrecher und Kalkbrenner, Papierfabrikarbeiter, Stein- und Dachziegelfabriken und Tagelöhner. Der erste Mitarbeiter wirkte ohne festen Vertrag mit einem Jahresgehalt von 600 Mark. Nach dem Statut hatte er eine Kaution von 500 Mark zu hinterlegen oder einen Bürgen zu stellen. Wirklich gelohnt hat sich das damals nicht. Die Generalversammlung der AOK tagte in den ersten Jahren im Hotel „Bergischer Hof" am Markt in Bergisch Gladbach. Ihren ersten Verwaltungssitz hatte sie in der Wilhelmstraße 156, der jetzigen Hauptstraße 282.

DER GEHEIMNISVOLLE HANDKARREN

Nach mehreren Umzügen verlegte die AOK nach dem Krieg ihren Verwaltungssitz in die Hauptstraße 129–131. Aus dieser Zeit hat Annegret Fleck eine überlieferte Anekdote zu erzählen von einem Mitarbeiter der AOK, der eines Tages mit einem Handwagen zur Arbeit kam. Auf dem Handwagen hatte er etwas geladen, das er jedoch sorgfältig mit einer Decke vor fremden Blicken schützte. Über viele Tage kam der Mitarbeiter mit der Handkarre zur Arbeit und stellte sie so ab, dass er ihn von seinem Parterre-Büro aus stets im Blick hatte. Die Neugier der Kollegen stieg täglich, bis sich das Rätsel löste: Auf dem Handwagen stand ein Brennapparat zur Herstellung von Schnaps. „Nicht etwa, dass der Versicherungs-Mitarbeiter während der Arbeitszeit den Fusel trinken wollte", erzählt Annegret Fleck. „Nein, zum Schutz vor allzu neugierigen Staatsorganen nahm er das wertvolle Gerät lieber mit zur Arbeit, als es allein zu Hause zu lassen."

Als auch das Gebäude an der Hauptstraße in Bergisch Gladbach zu klein wurde, verkaufte die AOK das Haus 1965 an Woolworth. Heute steht dort die RheinBerg-Galerie. Bis 1967 durfte die AOK noch im alten Gebäude bleiben, während das neue Verwaltungsgebäude in der Bensberger Straße hergerichtet wurde. Auch aus dieser Zeit hat Annegret Fleck eine Geschichte zu erzählen. Vor dem neuen Gebäude wurden auf Wunsch der damaligen Leitung rechts und links des Eingangs Rasenflächen angelegt. Doch 1967 hatten noch nicht alle Mitglieder auf Autos umgestellt. Mindestens ein Kunde der AOK kam regelmäßig mit seinem Pferde-Fuhrwerk zur Geschäftsstelle der Krankenkasse.

Während der Kutschenfahrer im Gebäude seine Formalien erledigte, fand sein Pferd den angelegten Zierrasen für seine Bedürfnisse einfach nur großartig. Es begann zu grasen. Der damalige Geschäftsführer hatte jedoch für die Nahrungsaufnahme des Tieres keinerlei Verständnis. Er wandte sich an seinen Stellvertreter, der ungläubig die dienstliche Anweisung entgegennahm: „Vertreiben Sie sofort dieses Pferd von meinem Rasen!"

Heute befinden sich die Räume der AOK in dem neu erbauten Gebäude an der Bensberger Straße 74 und grasende Pferde spielen dort eine ebenso untergeordnete Rolle wie Steinbrecher und Kalkbrenner.

MANFRED WRANA

Tatort Bergisch Gladbach
Der Hauptkommissar erzählt von verdutzten Bankräubern und einem Täter im Teppich

„Stehen bleiben oder ich schieße", ruft der Polizist, während er einen Warnschuss in die Luft abgibt. Diesem gängigen Klischee erteilt Manfred Wrana eine glatte Absage. „Wenn die Kugel herunterkommt, ist es viel zu gefährlich. Wenn überhaupt schießen die Kollegen ins weiche Erdreich. Üblich ist aber auch das nicht", sagt Wrana, und er muss es wissen. Seit 32 Jahren ist er Hauptkommissar bei der Polizei, 28 Jahre davon in Bergisch Gladbach.

Als er sich mit 16 Jahren bei der Polizei bewarb, war es noch üblich, dass auch die Familie des potenziellen Auszubildenden näher angeschaut wurde. Als der zuständige Polizeibeamte Wranas Vater an dessen Arbeitsplatz bei der Belkaw aufsuchen wollte, dieser jedoch nicht da war, „beruhigte" der Beamte die neugierigen Kollegen mit den Worten: „Nein, schon gut, es geht nur um den Sohn." Nahe liegend, dass die folgenden Stunden in allgemeiner Verwirrung und Spekulation verstrichen.

Manfred Wrana wurde angenommen und sollte zur Polizeischule nach Bochum. Doch die Anforderung „Mobilität" war damals noch deutlich seltener

Manfred Wrana, 1982, zur Zeit seiner Ausbildung an der Polizeischule Wuppertal.

als heute. Wrana war wenig begeistert. Kurz darauf sollte es nicht mehr Bochum, sondern Essen sein. „Ich erinnere mich noch, dass ich meine Eltern fragte: Wo ist denn das jetzt schon wieder?", sagt Wrana. Letztendlich wurde es Wuppertal „Das war genauso, wie man es sich vorstellt. Bundeswehrmäßig, mit drei Mann auf einer Stube. Jeden Morgen mussten wir antreten und wehe, die Schuhe waren nicht geputzt", erzählt Wrana.

MANFRED WRANA

Gegen Ende der Ausbildung durfte sich jeder drei Einsatzorte wünschen. Wrana wählte als Präferenz Bergisch Gladbach, dann Leverkusen und Köln. Doch sein Name wurde ihm zum Verhängnis. Die Liste wurde alphabetisch abgearbeitet und bereits bei „O" war Bergisch Gladbach voll besetzt. Leverkusen gefiel Manfred Wrana nicht so, und das wahre Polizeileben hatte er sich auch anders vorgestellt als pausenlos Unfallberichte in Bürokratendeutsch zu verfassen. Kurz war er versucht, einen Job als Verwaltungsangestellter bei der Stadt Bergisch Gladbach anzunehmen, doch besann er sich anders, versuchte das Beste daraus zu machen und konnte 1984 endlich in die Dienststelle Bergisch Gladbach wechseln.

DER DIEB UND SEINE NACHBARIN

Rückblickend auf über drei Jahrzehnte sagt er: „Als Polizist bekommst du alles mit. Interessantes, Spannendes, Lustiges und Trauriges. Es gibt wenig Berufe, in denen man eine solche Vielseitigkeit erlebt." Zur Vielseitigkeit gehören auch eine Reihe skurriler Situationen. So die mit Herrn – nennen wir ihn – Schmitz, der einen Lebensmittelmarkt im Zentrum der Stadt überfiel. Als er eine Waffe zog, energisch auf die Kassiererin zuschritt und das Geld aus

1984 – Polizeieinsatz an der oberen Hauptstraße in Bergisch Gladbach.

MANFRED WRANA

Alte Ansicht der Polizeiwache im Stadthaus, 1984.

ihrer Kasse verlangte, rief eine Kundin, die an der Gemüsetheke gegenüber ihr Obst abwog, entsetzt: „Aber Herr Schmitz, was machen Sie denn da?" Wie der Zufall so spielt, handelte es sich um die Nachbarin des Täters. Dumm gelaufen. Dermaßen ertappt suchte der Täter das Weite und ein Alibi. Vergeblich. „Meine Kollegen erwarteten ihn schon, als er später zu Hause eintraf. Einfach eine herrliche Geschichte", sagt Manfred Wrana.

Auch den Bankräuber, der mit gezogener Waffe vor der Filiale eine Geisel nahm, um mit ihr als Druckmittel die Bank zu überfallen, blieb Wrana immer in Erinnerung. In der Bank hatten alle Angestellten das Szenario verfolgt, bereits Alarm ausgelöst und waren über einen Hinterausgang geflüchtet. „Nun betritt der Täter mit seiner Geisel die Bank ... und kein Mensch ist da. Das blöde Gesicht hätte ich gerne gesehen, nicht nur aus polizeilicher Sicht gedacht", erzählt Wrana.

Bei besonderen Fällen rief die Wache Bergisch Gladbach Verstärkung. So auch bei dem tragischen wie gefährlichen Fall, als ein junger Mann seine Freundin erschoss. Nachdem das Sondereinsatzkommando angerückt war, den Täter überwältigt und den Funkspruch „Zugriff erfolgt – Person gesichert" abgesetzt hatte, sollte Manfred Wrana zusammen mit einem Kollegen den Täter zur Wache fahren. Als er die

Wohnung betrat, war vom Täter jedoch nichts zu sehen. Die Kollegen zeigten nur auf eine Teppichrolle am Boden. „Da hatte das SEK den Täter zu Boden geworfen und dann direkt in den Teppich eingerollt", erzählt Wrana. „Der konnte sich keinen Millimeter mehr bewegen. Das sieht man auch nicht alle Tage."

Wrana sah kein Straßenschild und fragte nach dem Namen. Doch einer der Unfallbeteiligten sagte, die Straße habe keinen Namen. „Die Straße muss doch irgendwie heißen, hier stehen ja auch Häuser", sagte Wrana. Nach mehrfachem unbeirrtem Nach-

1987 – Luftaufnahme Konrad-Adenauer-Platz, Villa Zanders, Stadthaus.

Einmal bescherte auch Manfred Wrana selbst seinen Kollegen eine noch Jahre später erzählte Anekdote. Es war nach einem Verkehrsunfall und den Fragen für den nach wie vor unvermeidlich zu verfassenden Bericht.

bohren Wranas sagte der Mann mit einer genervten Handbewegung schließlich: „Wissen Se watt, schrieven se einfach, et is de Bosbachs Weg." Vielleicht hieß der Mann Bosbach; in jedem Fall aber wollte er der Fragerei ein Ende bereiten. „Auf der Wache erzählen meine Kollegen noch heute diese Geschichte und lachen sich kaputt, weil ich dem Mann so dermaßen auf den Sack gegangen bin", sagt Wrana.

HÄNGEN IM SCHACHT

Bei all den Geschichten zum Schmunzeln: Der Alltag eines Polizeibeamten ist häufig genug alles andere als spaßig. Leichenbilder, die die Beamten noch Wochen später vor sich sehen. Verwesungsgeruch, der ihnen zusammen mit den Bildern in die Nase zu steigen scheint. Gewaltverbrechen, Unfallopfer, Tote und Verletzte. „Bei Kindern ist es ganz schlimm und geht mir besonders nahe", sagt Wrana, und: „Die meisten Sachen nehme ich mit nach Hause." Dabei entwickeln sich auch Mechanismen, um mit all dem Gesehenen und Erlebten irgendwie umgehen zu können. Als Beispiel nennt Wrana einen Einsatz, bei dem ein Feuerwehrmann, der zuerst vor Ort war, nur sagte: „He is Hängen im Schacht." Wie sich herausstellte, hatte sich ein Selbstmörder im Kleiderschrank aufgehängt. Makabere Sprüche sind eine der Reaktionen, um zu verhindern, dass die Emotionen überhandnehmen. „Wir müssen ja immer funktionieren", sagt Manfred Wrana, „obwohl dir einfach nur zum Brechen zumute ist."

Im Jahr 2002 wechselte Wrana zur Präventionsabteilung der Polizei. Seitdem unterrichtet er zum Beispiel an Schulen und Kindergärten und leitet Präventionsveranstaltungen für junge Fahranfänger, Motorradfahrer oder Senioren. Dadurch vielleicht verhindern zu können, dass Dinge geschehen, zu denen er bis dahin mit Blaulicht eilen musste, ist für ihn ebenfalls eine erfüllende Aufgabe.

Bleibt noch das, was der routinierte Kriminalromanleser von einem Polizeibeamten erwartet: der richtige Riecher. Manfred Wrana und seine junge Kollegin hatten ihn gehabt. Zumindest bei dem Fall, der zunächst nach einem Unglücksfall aussah. Eine ältere Dame lag tot am unteren Ende der Kellertreppe in ihrem Haus. Ein Stück Kabel auf dem Boden und ein zerrissener Scheck erregten Wranas Aufmerksamkeit. Es war nichts Besonderes, denn in Haus und Kellerabgang lagen und hingen viele Sachen herum. Aufbruchsspuren oder andere Indizien für einen Einbruch gab es auch nicht. Der Bergisch Gladbacher wollte ungern Kripo und die Sonderermittler aus Köln umsonst kommen lassen. Etwas Handfestes hatte er nicht vorzuweisen. Er entschied sich dennoch für seinen Instinkt – und landete einen Volltreffer. Wenige Tage später präsentierte die Kripo den Mörder. Und dieser war – in bester Reinhard-Mey-Tradition – auch noch ausgerechnet der Gärtner.

GISBERT SCHWEIZER

Als in Gladbach die Lichter ausgingen
Von großen Immobiliengeschäften und kleinen Gaunern

Dass große Erlebnisse auch Jahre später noch im Gedächtnis haften, ist einleuchtend. Nicht selten aber sind es auch die kleinen, scheinbar nebensächlichen, unbedeutenden, die sich festsetzen, weil sie auf ihre Art besonders sind. So auch bei Gisbert Schweizer, Abteilungsleiter für Immobiliengeschäfte bei der VR Bank eG Bergisch Gladbach, Karnevalist in der

Gisbert Schweizer in den 1970er-Jahren.

Großen Gladbacher und lange Jahre Geschäftsführer der Interessengemeinschaft (IG) Stadtmitte.

Von den vielen Menschen, die ihm in seiner Berufslaufbahn begegnet sind, ist es zum Beispiel ein Stadtstreicher, der ihm immer in Erinnerung blieb, obwohl die Begegnung über ein Vierteljahrhundert zurückliegt. Der stadtbekannte Mann lebte Mitte der 70er-Jahre von Sozialhilfe, die er alle 14 Tage erhielt. In der Regel reichte ihm das Geld keine zwei Wochen, doch Not macht erfinderisch. Gisbert Schweizer war zu dieser Zeit in der Ausbildung bei der damaligen Paffrather Spar- und Darlehenskasse in Bergisch Gladbach. „Der Mann hatte bei uns ein Konto, aber überziehen durfte er es nicht. Im Sommer hatte er jedoch alles bereits in der ersten Woche für Getränke ausgegeben", erzählt Schweizer. Die Mitarbeiter der Filiale scheinen eine soziale Ader gehabt zu haben, denn sie sammelten, sodass ihr Kunde auch für die zweite Woche in der Bank Geld bekam.

FREIWILLIGER KNASTBESUCH

Im Winter verlegte sich der Sozialhilfeempfänger auf kleinere Straftaten. Bewusst und nur mit einem Ziel: erwischt und bestraft zu werden. „Das war schon mal, dass er eine Fensterscheibe einschlug oder einen kleineren Diebstahl beging", sagt Schweizer. „Er

GISBERT SCHWEIZER

Gisbert Schweizers Großprojekt: Die Vermarktung des alten Kasernengeländes an der Hermann-Löns-Straße.

wusste ganz genau, dass er danach für drei bis vier Monate einkassiert wurde." Im Gefängnis war es warm, es gab etwas zu essen – und die Sozialhilfe lief in der Zeit unangetastet weiter auf sein Konto. Wenn er seine Strafe abgesessen hatte, machte er sich auf den Weg zu seiner Bank und verlangte nach einem Anlageberater. Am Sommeranfang war er für seine Verhältnisse stets reich.

Das größte Projekt, das Gisbert Schweizer in seiner Laufbahn abgewickelt hat, war ab 1996/97 das alte Kasernengelände an der Hermann-Löns-Straße. Die Raiffeisenbank hatte den städtebaulichen Wettbewerb gewonnen. „Das war eine große Aufgabe für uns, mit einer Fläche von 250 000 Quadratmetern als Gesamtfläche und einer Netto-Baulandfläche von 137 000 Quadratmetern", sagt Schweizer, der das Großprojekt federführend leitete. In der Folge wurde das riesige Gelände erschlossen, Grundstücke vermarktet, Immobilien errichtet. Unternehmen siedelten sich an, Menschen zogen zu – die Bank machte Folgegeschäfte. „So etwas wird es in Bergisch Gladbach wohl kaum nochmal geben", sagt Schweizer, „denn eine solche zusammenhängende Entwick-

GISBERT SCHWEIZER

lungsfläche in dieser Größenordnung ist gar nicht mehr vorhanden." Sämtliche Grundstücksgeschäfte gingen bei Gisbert Schweizer über den Schreibtisch. „Das war von der Menge und der Summe her das größte Projekt, das ich je gemacht habe. So etwas macht man so schnell nicht noch einmal", sagt er.

Auch in den 25 Jahren als Geschäftsführer der IG Stadtmitte erlebte Schweizer unterhaltsame und skurrile Geschichten, die er bewahrt hat: Den Kaffee-Krieg von Fahrrad Meyer etwa, als er 1982 gerade Geschäftsführer geworden war. Kurze Zeit vorher jedoch ereignete sich Bergisch Gladbachs „dunkelstes" Kapitel der Geschichte: Die BELKAW erhöhte den Gewerbestrompreis drastisch. Die Einzelhändler waren empört und griffen zu ungewöhnlichen Mitteln. „Alle wurden sich einig, ihre Schaufensterbeleuchtung nach Geschäftsschluss auszulassen", berichtet Gisbert Schweizer. Leuchtreklamen, Schaufensterbeleuchtungen, jegliche Lichtquellen in oder an den Geschäften blieben aus. Doch die Straßenlaternen reichten nicht aus, um genügend Licht auf die Straßen zu werfen. Somit wurde Bergisch Gladbach ab 18:30 Uhr, dem damaligen Geschäftsschluss, eine Geisterstadt. „Was ich heute sagen kann, ist, dass die Aktion bei der BELKAW etwas bewirkt hat, Gespräche mit den Gewerbebetrieben stattfanden, Kompromisse gefunden wurden und die Aktion schon spekta-

Blick in die Schalterhalle der Raiffeisenbank in der Hauptstraße.

GISBERT SCHWEIZER

kulär durch Presse und Fernsehen ging", erinnert sich Schweizer.

BETRÜGERISCHE WEIHNACHT

Insbesondere vom Gladbacher Weihnachtsmarkt haben viele in Bergisch Gladbach engagierte Bürger eine Geschichte zu erzählen. Die von Gisbert Schweizer trug sich zu im Jahr 1982. Wie immer wurde für die Stände eine Miete bei den Ausstellern kassiert. Nur dass in jenem Jahr, der Betreiber plötzlich einfach verschwand – inklusive der bereits eingesammelten Gelder. „Dann sind wir von der IG Stadtmitte kurzfristig in die Bresche gesprungen und haben den Weihnachtsmarkt selber durchgeführt", sagt Schweizer. Zwar konnte der Betrüger wieder aufgetrieben werden, nicht aber das Geld. „Das Geld, das er bereits kassiert hatte, konnten wir natürlich nicht noch einmal kassieren", sagt Gisbert Schweizer. In der Folge wurde ausgehandelt, dass die IG Stadtmitte alle Weihnachtsmarkt-Stände übernimmt und auch für die Kosten aufkommt.

Der damalige Vorsitzende der IG Stadtmitte, Peter Müller, und Gisbert Schweizer, zu der Zeit Geschäftsführer, zauberten kurzfristig einen neuen Weihnachtsmarktbetreiber aus dem Hut, nämlich Heinz Stümper vom Bergischen Handelsblatt. Dieser kam – und blieb. Lange Jahre betrieb er den

Früherer Geldsack der Paffrather Raiffeisenbank. Im Einsatz bis 1999.

Weihnachtsmarkt, und heute führt sein Sohn Markus die Tradition fort. „Mit Heinz Stümper konnten wir dann zum Glück eine Vereinbarung treffen, dass er uns die Buden sofort wieder abkauft", berichtet Schweizer. „Allerdings sind wir bis heute noch an den Buden beteiligt. Das heißt, vom Überschuss, der am Ende übrig bleibt, erhält die IG Stadtmitte auch heute noch einen Anteil." So können Risikobereitschaft, Verantwortungsgefühl und innerstädtischer Zusammenhalt auch noch nach 30 Jahren ihre Spuren hinterlassen.

SIEGFRIED BLUHM

Der singende Maler
Lehrlingsgehalt: 25 Mark im Monat und ein Liter Milch am Tag

Mit Schrecken erinnert sich Siegfried Bluhm an einen Tag im Jahr 1972. Morgens um vier stand sein Chef Helmut Duske kreidebleich an seiner Tür und rief immer wieder: „Es ist alles abgebrannt, es ist alles abgebrannt!" Ein in einer Nachbarscheune ausgebrochener Brand hatten Lager und Werkstatt des Malerbetriebs völlig zerstört. Bis heute vermutet Bluhm Brandstiftung, „denn Helmut wurde nachts von quietschenden Reifen wach". Aufgeklärt wurde die Sache jedoch nie. 1967 begann Siegfried Bluhm bei der Firma Duske zu arbeiten und auch heute, mit 74 Jahren, steht er der Firma noch zur Verfügung.

Begonnen hat sein Berufsleben bereits 1953 im niedersächsischen Cuxhaven. Am 1. April startete er dort seine Lehre in einem Malerbetrieb. Das Schulzeugnis reichte damals nicht aus, um den Ausbildungsplatz zu bekommen. Bluhm musste zusätzliche Prüfungen absolvieren – nicht nur im Schreiben und Rechnen, sondern auch im Malen. Der Betrieb war überschaubar: ein Chef, zwei Gesellen, ein Lehrling. 25 Mark erhielt der Lehrling pro Monat im ersten Ausbildungsjahr. Im zweiten sollten es 35 und im dritten 45 Mark werden. „Jeweils fünf Mark im Monat durfte ich behalten, den Rest musste ich an meine Eltern abgeben", sagt der spätere Projektleiter.

Zwar begann Bluhm seine Lehre an einem ersten April, doch was an jenem Tag geschah, war – selbst wenn es aus heutiger Sicht so anmutet – kein Scherz. Sein neuer Chef nahm ihn damals mit zu einem bekannten Bauern und kaufte dort zwei Ferkel. „Diese sollten uns beiden Glück bringen", erzählt Bluhm. „Die beiden Ferkel kamen zum Chef, der ein wenig Landwirtschaft unterhielt, deshalb erhielt ich während meiner Zeit dort jeden Tag einen Liter frische Kuhmilch."

25 KILOMETER MIT DEM HANDKARREN

In jener Zeit waren noch ganz andere Dinge üblich, die Jugendliche heute von einer derartigen Lehre eher fernhalten würden. Die Wege waren weit und eine Motorisierung nicht vorhanden. Zwölf Kilometer fuhr Siegfried Bluhm täglich mit dem Fahrrad zum Betrieb. Auch das Material transportierte er zu den Baustellen mit dem Fahrrad oder per Handkarren. Sein Rekord läge bei 25 Kilometern an einem Tag, die er mit dem Handkarren zurücklegte, um die anstehenden vier Baustellen zu beliefern.

SIEGFRIED BLUHM

Schon nach einem halben Jahr hatte die Lehre des jungen Bluhm in Cuxhaven ein Ende. Seine Eltern zogen ins bergische Overath und 25 Mark im Monat bedeuteten: Der Sohn musste die Lehre abbrechen und mitziehen. „Sehr bedauerlich, da ich dort eine sehr gute Ausbildung genossen hätte", sagt er. „Vor allem alte Techniken wie Wickeln, Wischen, Masern und Marmorieren begann ich zu erlernen. Das wurde dort in Perfektion ausgeübt."

In Overath fand er eine neue Lehrstelle. Zwar arbeitete der Chef hier nicht mit auf den Baustellen, aber seine weiterhin gute Ausbildung verdankte Bluhm einem Alt-Gesellen. Besonders eines lernte er hier: Verantwortung zu übernehmen. Früh war er bei der Ausführung seiner Arbeiten auf sich allein gestellt und bereits am Ende des zweiten Lehrjahres wurden ihm alle Tapezier- und Lackierarbeiten eines Neubaus aufgetragen. Kontrolle war spärlich. „Mein Chef war in diesen drei Wochen einmal auf der Baustelle", sagt Bluhm. Das jedoch sei „ein einmaliges Erlebnis" gewesen. „Als mein Chef auf die Baustelle kam, sah ich ihn durchs Fenster und erwartete ihn oben bei mir. Aber er kam nicht."

Als Bluhm seine Neugier nicht mehr bezähmen konnte und eigenhändig nachschaute, wo sein Chef geblieben sei, fand er diesen überraschend gleich vor der Tür vor. Noch größer war seine Überraschung, warum sein Chef dort

Siegfried Bluhm, der singende Maler.

schon längere Zeit verharrt hatte. Er stand nämlich dort, weil er seinem Lehrling beim Singen zuhörte. „Ich habe immer gern gesungen, so auch bei der Arbeit", sagt Siegfried Bluhm. Anscheinend beherrschte er dies ebenso gut wie Tapezieren und Lackieren, denn „der Chef sagte zu mir sogar, ich müsse eine Gesangsausbildung machen". Für Bluhm war eine Gesangsausbildung finanziell nicht möglich und so sang er einfach weiter bei der Arbeit.

SIEGFRIED BLUHM

AUFTRÄGE FRISCH AUS DEM SCHLAFZIMMER

„Mein Chef war Wein, Weib und Alkohol mehr zugetan als seinem Betrieb", sagt Bluhm heute rückblickend. „Im Betrieb war er dann eher ungerecht. Aber wenn wir ihn am Wochenende in der Kneipe trafen, dann war er der King! Da gab er eine Runde nach der anderen." Nach „Heidewitzka" kam es auch hin und wieder vor, dass Siegfried Bluhm an einem Montagmorgen im Betrieb erschien und weder Aufträge noch Chef vorfand. „Dann musste ich in seine Wohnung gehen und ihn dort in seinem Schlafzimmer wecken", erzählt er. „Ich fragte dann: Meister, wo soll ich heute meine Arbeit ausführen?"

An den Auftrag, in Hoffnungsthal bei einem Kunden Glasscheiben zu erneuern, erinnert sich Bluhm noch als sei es gestern gewesen: „Mit 20 Scheiben, 30 mal 30 Zentimeter groß, einem Eimer Kitt und meiner Werkzeugtasche, alles in allem gut 25 Kilo, machte ich mich auf und schleppte das Zeug zum Overather Bahnhof." Von dort fuhr er mit der Aggertal-Bahn nach Hoffnungsthal und schleppte die 25 Kilo eine weitere halbe Stunde bis zur Baustelle. Damit nicht genug, es regnete in Strömen. „An der Baustelle angekommen, musste ich in der völlig durchnässten Arbeitskleidung arbeiten und dann wieder denselben Weg zurück nach Overath", sagt er. „Danach war noch lange nicht Feierabend, da wir wöchentlich 60 bis 62 Wochenstunden arbeiten mussten, ohne zusätzliche Vergütung."

Doch nicht immer lag es am Wetter, dass Siegfried Bluhm nass von der Arbeit kam. Jung und übermütig war man nämlich schon immer, und so erinnert er sich an eine Aktion, die er und ein anderer Lehrling damals mit „Duell der Giganten" überschreiben konnten. „Als wir die Holzfußböden auf der Baustelle lackierten, merkte ich, wie hinten bei mir etwas komisch war. Ich drehte mich um und sah, wie mein Kollege mir mit dem dicken Pinsel den Lack auf den Rücken laufen ließ." Er tat es ihm gleich. Die beiden hatten einen Mordsspaß, waren von oben bis unten mit rot-brauner Lackfarbe beschmiert und mussten so abends durch den ganzen Ort nach Hause laufen. „Die Leute haben uns angeguckt, als ob wir von einem anderen Stern wären", sagt Bluhm. „Meine Mutter hat mich dann noch windelweich gekloppt, weil ich den Anzug total versaut hatte. Der Lack ging nicht mehr raus und ich brauchte einen neuen." Bereut hat er es dennoch nicht. „Blödsinn wurde halt immer schon gemacht, auch bei uns. Und ich war immer gerne mit dabei!" Dabei ist er immer noch: Im Jahr 2013 arbeitet Siegfried Bluhm 60 Jahre lang.

Siegfried Bluhm konnte nicht nur gut singen, er konnte auch dichten. Als er bereits 40 Jahre den Führerschein hatte, musste er sich kurzzeitig von seinem „grauen Lappen" trennen. Bluhm schrieb daraufhin an die Kreisverwaltung Recklinghausen, in dessen Gebiet die Baustelle lag, in der er zu schnell gefahren war: „Nun hab' ich ihn nicht mehr, und brauch' ihn doch so sehr. Er soll bald wieder bei mir sein, mein schöner alter Führerschein." In der Kreisverwaltung freute sich der zuständige Bearbeiter wohl über diese selten sympathische Art der Reaktion. Er antwortete: „Machen Sie sich keine Sorgen, wir wollen ihn uns doch nur borgen. Er wird bald wieder bei Ihnen sein, Ihr schöner alter Führerschein." Dann fügte er noch hinzu: „Doch Vorsicht, nur nicht übertreiben, sonst müssen wir uns wieder schreiben. Ich wünsche stets Gelassenheit und Muße, denn das erspart so manche Buße."

DIE LABBESE

Bombendrohung in der Tiefgarage
Ob in Ehrenfeld oder Düsseldorf – 35 Jahre Musik und Karneval hinterlassen Spuren

Sie haben auf Tausenden Bühnen gestanden, vom kleinen Partykeller bis zur Lanxess-Arena. Bernd Kierdorf, Norbert und Frank Wielpütz, Michael Niesen, Frank Müller und Tom Braß sind zusammen die Labbese. Nach über 35 Jahren im Musikgeschäft sind ihnen nicht nur die großen Erfolge in Erinnerung geblieben, sondern auch die Tage, an denen es ganz anders lief, als es eigentlich geplant war.

Der skurrilste Veranstaltungsort, an dem die Band je auftrat, war vermutlich die Tiefgarage unter dem Bergisch Gladbacher Löwen. 1991 war das Labbese-Konzert in Udo Güldenbergs Gronauer Wirtshaus zwar ein voller Erfolg, hinterließ aber ein renovierungsbedürftiges Gasthaus. Etwas anderes musste her. Die Tiefgarage schien perfekt, denn dort war genügend Platz und hinterher musste dort auch niemand mehr gemütlich zu Abend essen. Doch der Weg dorthin war steinig. Zunächst stellte sich die Stadt quer. Erst als die Labbese das Wort Benefizkonzert fallen ließen, stimmte sie einer Vermietung zu.

Auch die Feuerwehr war skeptisch. „Das ginge gar nicht, sagten sie. Wenn da was passiert ...", erzählt Norbert Wielpütz. „Was soll denn passieren?", entgegnete der Sänger. Es seien doch große Tore da, wo alle raus könnten. Die Antwort des zuständigen Feuerwehrmanns war weniger typisch deutsch als typisch kölsch. Er sagte: „Wenn et joot jeht, häste uns jefrocht, und wenn jet passeet, hann mir nie drüvver jesproche."

Schließlich wollte ein Gladbacher Gastronom das Konzert per einstweiliger Verfügung stoppen. „Er spielt heute keine Rolle mehr in Gladbach. Und der hat damals auch noch seinen Vater vorgeschickt, um die Verfügung einzureichen", so Norbert Wielpütz. Das Anliegen wurde abgeschmettert, dem Konzert an Weiberfastnacht stand endlich nichts mehr im Wege. Dachten sie zumindest. Doch am Abend, mitten in den letzten Vorbereitungen, stand ein Polizeibeamter in Zivil vor den Labbese und verkündete: „Es liegt eine Bombendrohung vor."

KARNEVAL IST NICHT NUR LUSTIG

„Wir konnten uns natürlich an fünf Fingern abzählen, wer da schon wieder Ärger machte!", sagt Wielpütz. Aber die Polizei wollte die Tiefgarage räu-

DIE LABBESE

men. Wielpütz sagte damals: „Ich habe zwar keine Ahnung, aber ich halte das für Quatsch." Nach einem gemeinsamen Kontrollgang durch die Tiefgarage konnten sie sich einigen. Wielpütz: „Ich hab zu dem Polizisten gesagt, komm Jung, lass es laufen und wir halten alle unsere Schnauze. Das haben wir bis heute auch getan." Das Konzert mit rund 1 500 Besuchern wurde im Anschluss ein friedlicher Bombenerfolg. Bis drei Uhr wurde gefeiert und morgens um sieben war die Welt für die Parkplatzsuchenden wieder in Ordnung.

Vielleicht hat bei der Gründung der Labbese das Orakel von Delphi mitgeholfen. In jenem griechischen Ort zumindest hatten Werner Kraus, Ferdi Schönborn und der damals 19-jährige Michael Niesen bei ihrem gemeinsamen Urlaub 1975 die „Erleuchtung", eine Band zu gründen und im Karneval zu spielen. Hinzu kam 1977 Keyboarder Günter Rodenbach, der 1983 von Norbert Wielpütz abgelöst wurde. Bereits 1978 wurde Bernd Kierdorf Bandmitglied. „Ferdi wurde von Thomas Braß ersetzt und die letzten Neuzugänge, jetzt aber auch schon

Labbese vor der Metzgerei Wielpütz, Hauptstraße 26.

Labbese-Cover Kölsch Kölsch Kölsch.

zehn Jahre her, sind Frank Wielpütz und Frank Müller, der Nachfolger vom viel zu früh verstorbenen Werner Kraus", so Gründungsmitglied Niesen.

„Weltenbummler" Gerd Rück, der einige der Labbese zu Schulzeiten als Lehrer unterrichtete, brachte die Band 1985 zum Vorstellungsabend der Karnevalisten bei der Kajuja Köln. Neben den Bläck Fööss etablierten sich gerade die Höhner. Paveier und Räuber waren noch nicht dabei. „Wir sahen den Werner nur, wie er stundenlang belagert wurde. Irgendwann kam er mit Millionen von Zetteln wieder zurück zu uns und grinste: Alles Verträge für uns", erzählt Bernd Kierdorf. Millionen waren es zwar nicht, aber immerhin 100.

DIE LABBESE

Was das im wahren Leben als Karnevalist bedeutet, sollten die Labbese bald merken. Da alle Mitglieder einen Beruf ausübten, wurde der Karneval zum puren Stress. „Ich erinnere mich an einen Samstag, da hatten wir elf Auftritte von mittags bis tief in die Nacht. Danach wussten wir gar nicht mehr, wo wir überall aufgetreten waren. Das war schon sehr krass", sagt Michael Niesen. „Es war so krass, dass wir teilweise zu spät zu Auftritten kamen, oder sogar gar nicht. Wir konnten es gar nicht einschätzen und hatten auch keinen Plan, wie wir von A nach B kommen sollten, und Handys gab's noch nicht", ergänzt Bernd Kierdorf.

Die Ernsthaftigkeit des Karnevals für die Protagonisten war den Labbese zu Beginn nicht bewusst. „Wir haben das eher wie eine Herrentour gesehen und ordentlich dabei gesoffen. Manchmal hätte man wohl gesagt, die waren so blau, die konnten gar nicht mehr spielen", erzählt Norbert Wielpütz. Da Bier zu sehr auf die Blase schlug, stiegen die Musiker auf Sekt um. Kistenweise. Als die Labbese begannen, auf den großen Bühnen zusammen mit den besten Gruppen des Karnevals aufzutreten, zeigte ihnen das kritische Publikum deutlich, was es von einem solchen Verhalten hielte. Auch der damalige Manager der Höhner nahm die Gladbacher Musiker beiseite und fragte nach, ob die Labbese nicht „ein bisschen viel von der Sauferei singen" würden? „Wir sahen dann schnell ein, dass wir es professioneller angehen mussten – sonst wäre das ganz schnell in die Hose gegangen", sagt Norbert Wielpütz.

FLIEGENDE KÄSEHÄPPCHEN IN DÜSSELDORF

Die Labbese wurden professionell. Aber nicht an jedem Ort wurde dies auch gewürdigt. Mitte der 90er fuhren sie zu einer Herrensitzung nach Düsseldorf. „Das Publikum war unterstes Niveau", erzählt Norbert Wielpütz, „und die hatten alle schon einen gebechert." Die Lieder, in denen es um Köln und Kölsch ging, gefielen den Düsseldorfern naheliegend nicht wirklich. Erste Käsehäppchen flogen auf die Bühne. Die Labbese versuchten, dem Elferrat ein Zeichen zu geben, dass sie abbrechen würden. „Doch auch die waren so driss voll, der Präsident bekam gar nichts mit und lallte nur: Ich höre gerade, die Band spielt noch einen."

Als der Sänger die Veranstaltung endgültig beenden wollte, rief der Präsident erneut: „Und zum Abschluss: Spielt doch noch einen!" Das war zu viel für das Düsseldorfer Publikum. Käsehappen und Wurstwürfel waren harmlos gewesen, denn nun flogen auch Aschenbecher. Die Labbese flüchteten von der Bühne in den Bus. Roadie Alfred blieb die undankbare Aufgabe, das Equipment von der Bühne einzusammeln.

DIE LABBESE

Und dann war da noch das Jahr, in dem an Karneval der große Schnee fiel und die Straßen spiegelglatt waren. Die Labbese waren in Köln-Ehrenfeld gebucht und suchten in dunklen, zugeschneiten Straßen erfolglos den Gemeindesaal. Als sie die Bläck Fööss aus einer Veranstaltung kommen sahen, erkundigte sich Werner Kraus bei ihnen, wo sie hier eigentlich seien. „Dann kam Werner zurück und sagt, dass wir hier zwar nicht gebucht waren, aber auf aufgrund des Schneetreibens ein Loch entstanden sei. Also nix wie rein", berichtet Michael Niesen. Angekündigt wurde die Band vom Sitzungspräsident mit den Worten: „Ich weiß gar nicht, wer jetzt kommt, aber sie sind da und ich hoffe sie sind gut!" Sie müssen gut gewesen sein, denn die Bürgergarde Blau Gold buchte sie für die nächsten Jahre immer wieder. „Das war die Zeit, wo wir in Köln relativ neu waren. Da haben wir die Verträge auch schon mal auf dem Bierdeckel gemacht. Es war nicht immer nachvollziehbar, bei wem wir jetzt genau auftreten sollten", erzählt Norbert Wielpütz.

Ob Alkoholkonsum, Bierdeckelverträge oder Saalsuche – die Zeiten änderten sich und die Labbese wurden erfahren, professionell und erfolgreich. Von Beginn an aber spielten sie nicht nur für sich selbst und ihr Publikum. Von den Erlösen spendeten sie bislang rund 100 000 Euro für die Kinderkrebshilfe und andere soziale Einrichtungen.

PETER RODENBACH

Ein Elektriker als Weihnachtsmann
Mit Lichterketten zwischen Bäumchen und Engelchen fing alles an

Die Berufswahl ist nicht die leichteste Wahl im Leben. Als Peter Rodenbach die Schule beendet hatte, stellte er sich – und seinem Vater – die Frage, welchen Lehrberuf er ergreifen solle. Sein Vater habe unter anderem vorgeschlagen: „Als Elektromeister braucht man wenig Startkapital, weil man nicht so teure Maschinen kaufen muss, wie sie zum Beispiel ein Schreiner braucht." Ob nun dieses oder ein anderes Argument letztendlich ausschlaggebend war: Peter Rodenbach wurde auf jeden Fall Elektromeister.

Das heißt Meister war er natürlich nicht von Anfang an, und selbstständig auch nicht. Nach seiner Bundeswehrzeit in den Siebzigerjahren arbeitete er zunächst als Angestellter beim Elektro-Fachbetrieb Weyer in der Hauptstraße in Bergisch Gladbach. Auch in den 70ern galt bereits: Weihnachten ist die richtige Zeit für Licht, Strom und Elektriker, zum Beispiel für die Weihnachtsillumination der Stadt Bergisch Gladbach. Nun ist es so, dass Weihnachten stets im Winter liegt, und Peter Rodenbach erinnert sich, dass der Winter lang und vor allem sehr kalt war, als im November die Arbeiten für die Weihnachtsbeleuchtung starteten. Elektro-Weyer hatte sein Geschäft am oberen Teil der Hauptstraße und war für die Montage der Beleuchtung von der alten Feuerwache bis zur katholischen Kirche am Konrad-Adenauer-Platz zuständig. Eine Woche waren Peter Rodenbach und zwei weitere Kollegen damit beschäftigt.

Damals bestand die schimmernde Weihnachtsdekoration der Stadt Bergisch Gladbach aus beleuchteten Bäumchen und Engelchen aus Metall, die links und rechts der Straße platziert wurden – Bäumchen neben Engelchen, Engelchen neben Bäumchen, immer schön abwechselnd. Die Kunst oder besser die Herausforderung für die Elektriker bestand jedoch in den Lichterketten aus Glühlampen, die zwischen Bäumchen und Engelchen aufgehängt werden sollten. „Irgendwo mussten wir die Ketten ausgebreitet ablegen, um sie in der Höhe dann aufhängen zu können", erzählt Rodenbach. Viele andere Möglichkeiten als den Bürgersteig gab es dafür nicht. Wohlweislich stellten die Arbeiter auch Schilder auf, die vor Glühbirnen warnten. Doch entweder konnten manche Gladbacher nicht lesen oder nicht gucken, oder sie waren schlicht zu ungeduldig. „Sie kamen aus ihren Ausfahrten und sonst wo her und fuhren einfach über die Glühbirnen drü-

PETER RODENBACH

ber", erinnert sich Rodenbach nur ungern. „Das Geräusch der zerspringenden Glühbirnen geht mir noch heute durch Mark und Bein." Ersatzbirnen wurden übrigens schon Wochen vorher in ausreichender Menge bestellt.

JEDER KORN BRAUCHT EINEN GRUND

Wie bereits erwähnt, es war ein kalter November in Bergisch Gladbach und der Chef hatte ein Einsehen: Zwischendurch nahm er die drei durchgefrorenen Weihnachtsdekorateure mit in die Gaststätte Rienaß zum Aufwärmen und spendierte Schnäpse. „Beim ersten Körnchen sagte er ‚Loss mer uns widder vertrage' – dabei hatten wir uns nie gestritten", erzählt Rodenbach. Das zweite Körnchen wurde der Abtötung der Grippeviren gewidmet bevor es wieder zu Kälte, Bäumchen und Engelchen ging.

Als der Betrieb Elektro Weyer sich auf Fernsehen und Waschmaschinen konzentrierte und die Installationsarbeiten nicht mehr ausführen wollte, machte Peter Rodenbach sich selbstständig und konnte als Startkapital viele Kunden übernehmen. Wie sein Vater bereits Jahre früher argumentiert hatte,

Gaststätte Rienaß, wo sich Chef und Mitarbeiter auf zwei Korn aufwärmten.

PETER RODENBACH

1980: Peter Rodenbach mit Ehefrau vor seinem Ladenlokal, der ehemaligen Metzgerei Selbach (Hauptstraße 358).

war ansonsten an Startkapital vergleichsweise wenig erforderlich. Was genau ein selbstständiger Elektriker an Ausstattung haben musste, dafür gab es damals Vorschriften: Eine eigene Werkstatt mit Arbeitstisch und Schraubstock und eine Gummimatte vor dem Arbeitstisch. Den Raum für die Werkstatt fand Rodenbach 1980 in der ehemaligen Metzgerei Selbach in der Hauptstraße 358 und für die Gummimatte reichte es auch noch. Er ließ die Schweinehaken verschwinden und gestaltete das ehemalige Schaufenster um. Nur mit einem hatte er nicht gerechnet: Trotz gründlicher Reinigung hing noch über ein halbes Jahr der Geruch der Metzgerei in der Werkstatt. Wörtlich genommen hätte er in dieser Zeit durchaus erklären können: „Schwein gehabt."

UNTERNEHMERGEIST AM WEIHNACHTSMARKT

1988 beschlossen sieben Unternehmer, einen Stand auf dem Weihnachtsmarkt zu eröffnen und den Erlös der Aktion

PETER RODENBACH

„Hilfe für krebskranke Kinder" zu spenden. Die Entscheidung fiel spontan bei einem Treffen in der Kneipe „Ilias". Weniger spontan, eher nach und nach stellten die Unternehmer fest, dass ein solcher Stand nicht mal eben nebenbei zu organisieren, sondern beinahe eine unternehmerische Herausforderung ist. Es ging um Personalfragen, um das Produktangebot, um Werbung. Doch schließlich waren sie ja Unternehmer, die glorreichen Sieben: Patrick Duske (Malermeister), Harry Goile (Gerüstbau), Bernd Mathies (Gartengestaltung), Leo Mühr (Beschriftungen), Herbert Pleiß (Dachdecker), Michael Sladek (Schreinermeister) und eben Peter Rodenbach.

Der Stand entwickelte sich zu einem der meistbesuchten auf dem Weihnachtsmarkt. „Bei uns war immer was los", sagt Rodenbach. „Alle beteiligten Unternehmer haben ordentlich zum Kaufen animiert. Die Handwerksartikel, die wir mitbrachten, waren nicht alltäglich. Das waren Neuheiten und absolute Eyecatcher!" Dazu gehörten zum Beispiel seine mitgebrachten Puppen, die den Kopf bewegten, und ein Wasserhahn von Garten- und Landschaftsbauer Bernd Mathies, aus dem das Wasser quasi aus dem Nichts herauszufließen schien. Der Lohn des freiwilligen Engagements war nicht nur ein satter Betrag für den guten Zweck. „Es war auch etwas, das uns zusammengeschweißt hat", sagt Rodenbach, „und es brachte uns auch viel Werbung für unsere Selbstständigkeit."

Zum Thema Werbung und Aufmerksamkeit erregen, griff das Projekt Weihnachtsstand zum Naheliegenden: Was passt besser als ein Weihnachtsmann, um die Menschen zum Stehenbleiben zu animieren. Ein Kostüm war denn auch schnell bestellt, und Peter Rodenbach passte es wie angegossen. So kam es, dass der Unternehmer, der in früheren Weihnachtszeiten Bäumchen und Engelchen zum Leuchten gebracht hatte, nun mit rotem Mantel und weißem Bart, Schokolade und Plätzchen Kinderaugen zum Leuchten brachte.

GÜNTER BARTH

Durch nichts zu erschüttern
Seit Jahrzehnten kommt der Schausteller mit seinem Auto-Scooter zur Kirmes

Wer kennt sie nicht, diese kleinen elektrogesteuerten Fahrzeuge mit breitem Gummirand, deren Fahrer meist nur das eine Ziel haben: gefahrlos und straffrei zu rempeln. Eine Kirmes ohne Auto-Scooter ist kaum denkbar, und in Bergisch Gladbach war das Fahrgeschäft immer noch ein bisschen größer als bei anderen. Das lag einzig und allein an einem Mann: Günter Barth, der bereits 34 Jahre lang für eine der Hauptattraktionen der Kirmes sorgt. 1978 kam er zum ersten Mal nach Bergisch Gladbach – und schon diese Geschichte ist eine ganz besondere Geschichte.

Verantwortlich für die Kirmes war damals der städtische Beamte Helmut Unrau, der Vater des heutigen Schausteller-Geschäftsführers Burkhardt Unrau. Er lud Barth ein, und Barth sagte zu. Allerdings gab es drei erschwerende Hindernisse. Erstens wurden Konrad-Adenauer-Platz und Bergischer Löwe umgebaut, und die Kirmes fand stattdessen in Gronau statt – auf dem damals freien Platz, auf dem heute McDonalds Fastfood verkauft. Zweitens stand Günter Barth bis Mittwochnacht auf der Kirmes in Daun in der Eifel, und die Kirmes in Gladbach musste am Freitag aufgebaut sein und drittens war damals noch manches anders als heute.

Zum Beispiel gab es noch keine hydraulischen oder automatischen Hilfen zum Abbau des tonnenschweren Fahrgeschäfts. Jedes einzelne Bauteil musste separat abgebaut und getragen werden. Barth hatte damals mit acht Säulen bereits den größten Auto-Scooter, den es gab, und jedes Teil war so unhandlich wie schwer. Mit seinem zehnköpfigen Team begann er in Daun um drei Uhr nachts mit dem Abbau und trotz höchster Effizienz und Muskeltätigkeit konnte sich der Tross erst am Nachmittag des Donnerstags in Bewegung setzen. Auch das allerdings nicht wie heute, denn die voll beladenen, schweren Transporter konnten damals nur über Landstraßen anreisen und brauchten viele Stunden von der Eifel ins Bergische.

DAS UNMÖGLICHE MÖGLICH GEMACHT

Währenddessen in Bergisch Gladbach: Um 17 Uhr am Donnerstag waren alle Schausteller mit dem Aufbau ihrer Fahrgeschäfte und Buden in Gronau fertig. Nur in der Mitte klaffte ein großes Loch für den Auto-Scooter.

GÜNTER BARTH

Günter Barth vor seinem Auto-Scooter und seiner Getränkestation.

Man diskutierte, ob Barth überhaupt kommen werde, und wenn ja, ob er sein Mammut-Fahrgeschäft unter diesen Umständen überhaupt aufbauen könne. Einzig Vater und Sohn Unrau und vereinzelte Schausteller glaubten unerschütterlich an das Gelingen. Als Barth abends um acht immer noch nicht am Kirmesplatz in Gladbach auftauchte, zogen sich alle zur Nachtruhe zurück und verschliefen die Ankunft Barths in der Nacht. Als sie am Freitagmorgen die riesigen Teile des Fahrgeschäfts sahen, schwand ihr Glaube noch ein wenig mehr. Doch Barth widerlegte sie alle. Sein Team schleppte die Teile um die anderen Fahrgeschäfte und Buden herum, hängte ein, verschraubte, verbolzte – und am Freitagabend war der Auto-Scooter startklar. Seitdem kommt Günter Barth zweimal im Jahr nach Bergisch Gladbach zur Kirmes und niemand hat je wieder Zweifel gehabt.

GÜNTER BARTH

Ab 1980 fand die Kirmes wieder auf dem Konrad-Adenauer-Platz statt. Die Wohnwagen der Schausteller standen unmittelbar hinter den Fahrgeschäften oder zumindest irgendwo mit auf dem Platz. Einen Wohnwagenplatz, wie es ihn heute zur Kirmeszeit gibt, gab es damals nicht. Nun hatte Günter Barth aber nicht nur den größten Auto-Scooter, sondern auch den größten Wohnwagen, und für diesen fand sich kein Platz.

Der Schausteller löste das Problem pragmatisch. Er ging zum Gasthaus Paas und handelte aus, dass er sein rollendes Wohnzimmer rechts neben dem Gasthof in eine Nische stellen durfte, die für seinen Wohnwagen wie geschaffen war. „Ich habe gesagt, wenn ich meinen Wohnwagen hier abstellen darf, komme ich hier jeden Tag mit meinen Leuten zu euch, um hier zu essen und zu trinken. Und ein paar Chips gab ich noch obendrauf", erläutert Barth seine Verhandlungsstrategie. Seinen exklusiven Parkplatz nutze er jahrelang bei allen seinen Kirmesbesuchen, und auch die Vertragsbedingungen blieben stets die gleichen.

BETTRUHE? NEIN DANKE!

Nach 15 Jahren waren Kirmesbuden und Fahrgeschäfte so groß geworden, dass die Wohnwagen in einen eigens eingerichteten Wohnpark ziehen mussten. Barth aber wollte auf dem Platz bleiben und schließlich stand sein Wohnheim ja auf Privatbesitz. Doch dann beging er einen Fehler. Weil er sich so sicher war, erläuterte er dem Stadtangestellten, dass das Verbot für ihn nicht gelte – von wegen Privatgrundstück. Von wegen Privatgrundstück! Der Stadtbeamte erwiderte ihm trocken, dass der kleine Verschlag neben dem Gasthaus Paas schon immer ein städtisches Grundstück gewesen sei. Hätte Barth damals nichts gesagt, so würde er seinen Obolus zwar immer noch an die Falschen entrichten, dafür könnte er aber vielleicht als Einziger unmittelbar am Kirmesplatz übernachten.

Wie auch immer, Barth war hart im Nehmen, und Barth war Kirmesmann durch und durch. Neben seinem Auto-Scooter betrieb er auch einen großen Ausschankwagen. An einem Freitag vor der Eröffnung stand er in seinem gewaltigen Kühlwagen, zählte Bierfässer und bereitete alles auf den Ansturm des nächsten Tages vor. Dabei machte er einen Schritt rückwärts und landete nicht auf dem obersten Absatz der vierstufigen Treppe, sondern fiel sie rückwärts hinunter. Er fiel auf den Kopf und wurde blutüberströmt ins nahe gelegene Krankenhaus gebracht. „Eine Stunde später habe ich dann den Burkhardt Unrau angerufen, dass er mich bitte aus dem Krankenhaus abholen möchte", sagt Barth.

Unrau tat wie ihm geheißen und fand Barth in einem Rollstuhl, das weiße

Hemd vom Blut rot getränkt. Der Arzt hatte die Platzwunde genäht und wegen einer diagnostizierten schweren Gehirnerschütterung dringende Bettruhe angeordnet. Unrau brachte Günter Barth zu dessen Wohnwagen – von wegen Bettruhe. Aber von wegen Bettruhe! Schon nach einigen Minuten trat Günter Barth – mit frischem Hemd – aus seinem Wohnwagen und machte sich auf den Weg zu Bierbude und Scooter. „Ich musste ja alles zu Ende vorbereiten", sagt er. Schlussendlich verbrachte der Schausteller bis zum Ende der Kirmes am Dienstagabend jede Minute an seiner Bude und dem Auto-Scooter. „Wir mussten ihn jeden Abend ins Bett zwingen. Zwar war er so vernünftig, während dieser Zeit kein Bier zu trinken, aber er hätte gar nicht dabei sein dürfen", sagt Burkhardt Unrau. Aber nicht dabei zu sein, passte einfach nicht in Günter Barths Leben.

Mit dabei waren er und seine beiden Töchter Bärbel und Maria auch im zweiten „Tom-Morgan"-Film, jener Produktion unter der Leitung von Burkhardt Unrau, in der zahlreiche Bergisch Gladbacher Prominente und Unternehmer vor der Kamera standen. Viele der Szenen wurden an Barths Auto-Scooter und am Bierausschank gedreht.

INGBERT KOLFENBACH

Als Puschkin auf Reisen ging
Im hart umkämpften Mineralölgeschäft geht es um Cent und ums Überleben

Seit 40 Jahren ist Ingbert Kolfenbach selbstständiger Tankstellenunternehmer. Doch wie wird man eigentlich Tankstellenunternehmer? Und wie sieht das, was die meisten Autofahrer häufiger besuchen als ein Kino oder ein Theater, hinter den Kulissen aus?

Als Ingbert Kolfenbach 15 Jahre alt war, wohnte er gegenüber einer Tankstelle in Troisdorf und war fasziniert von den Lastwagen, die der Inhaber besaß. Er fasste sich ein Herz und bat darum, eine Tour mitfahren zu dürfen. Er durfte. „Eines Tages fragte er mich dann, ob ich nicht Lust hätte, eine Lehre in der Tankstelle zu machen", erzählt Kolfenbach. Er machte es. Zu Jobs kam man damals noch anders als heute. Als Kolfenbach mit 18 Jahren und abgeschlossener Lehre seinen Führerschein machte, wurde unterhalb der Fahrschule ein Tankwart gesucht. „Da ich nicht dort arbeiten wollte, wo ich ausgebildet wurde, fragte ich dort einfach nach", sagt Ingbert Kolfenbach. Sie sagten ja. Damals arbeitete ein Tankwart noch richtig mit der Hand am Arm. Er kam aus seinem Häuschen, betankte die Autos, wusch und polierte sie, kümmerte sich um Unterbodenschutz.

Vier Jahre später wurde Kolfenbach seine erste eigene Tankstelle angeboten. Doch damals gab es auch dafür Handicaps, die sich heute niemand mehr vorstellen kann. „Man musste verheiratet sein, um eine Tankstelle führen zu dürfen", berichtet er. Nun war er zwar mit einem Mädchen liiert, dachte aber mit 22 noch lange nicht ans heiraten. Aus Liebe trat er dann doch vor den Traualtar, wobei ein Teil der Liebe eher der Tankstelle galt. Die Ehe zerbrach drei Jahre später und aus der Tankstelle wurde eine Kfz-Werkstatt. Auf der Suche nach einer neuen Arbeitsstätte kam Ingbert Kolfenbach nach Bergisch Gladbach. Mit seiner neuen Freundin, die noch heute seine Ehefrau ist, entschied er sich 1976 dort zu bleiben und übernahm eine Aral-Tankstelle, die er 29 Jahre betrieb.

BIFI MUSS MIT

Der erste Nachwuchs von Kolfenbachs war ein Dackel namens Puschkin, der täglich mit auf der Tankstelle war, wo er sich Freund und Feind schuf. Freund war zum Beispiel ein Bauunternehmer, der jeden zweiten Tag kam, tankte und Puschkin eine Bifi kaufte. Feind waren all die, die selbst einen Hund, insbesondere einen Rüden hat-

INGBERT KOLFENBACH

Die Rhein-Preußen-Tankstelle, wo Ingbert Kolfenbach seine Lehre machte, 1965.

ten. Sein Missfallen über potenzielle Konkurrenz zeigte Puschkin ab und an durch ein Schnappen in die Wade des fremden Herrchens. Einmal biss er sich sogar in einer solchen fest. „Ich sah das und war beschämt, aber auch verdutzt", erzählt Kolfenbach. „Ich dachte: Der Mann muss Rocky und Rambo in einer Person sein, denn er verzieht keine Miene." Rocky-Rambo jedoch drehte sich nur um, winkte ab und sagte: „Das macht nichts. Das war nur mein Holzbein." Dann ging er und hinterließ einen lachenden Tankstellenbesitzer und einen völlig irritierten Puschkin.

Wie es sich für einen Tankstellenhund gehört, fuhr Puschkin auch gerne Auto. Nur sagte er nicht immer Bescheid, wenn er auf Reisen ging. Eines Tages sprang er durch die geöffnete Tür auf den Rücksitz eines Wagens und machte sich als blinder Passagier auf in Richtung Süden. Kurz vor Frankfurt wollte Puschkin wohl etwas sehen von der Welt und sprang vom Rücksitz auf die hintere Ablage. „Der Mann erzählte mir später, dass er keine Vollbremsung gemacht habe, war alles – so habe er sich erschreckt", sagt Kolfenbach. Puschkin wird seinen Sprung vielleicht bereut haben, denn der Kunde

INGBERT KOLFENBACH

drehte um und setzte ihn wieder an der heimatlichen Tankstelle ab. Die Reisekosten in Form einer Tankfüllung übernahm das Herrchen. 1979 kam Sohn Holger zur Welt, der schon von Kindheit an das Tankstellengeschäft kennenlernte.

Konkurrenzdruck und das große Geschäft mit dem Öl war schon immer ein Risikofaktor für diejenigen, die am Ende der Kette stehen. Als Aral seinen Tankstellenpächtern vorgab, ab sofort mehrere Tankstellen betreiben zu müssen, änderte sich für Ingbert Kolfenbach einiges. Er musste eine Tankstelle in Köln-Holweide übernehmen – die er jedoch einen von der Kreissparkasse „abgeworbenen" Banker leiten ließ – und später zwei weitere in Remscheid und eine in Gummersbach. Manchmal jedoch ist weniger mehr. „Ich verdiente mit fünf Tankstellen nachher nicht mehr so viel, wie ich vorher mit einer verdient hatte", sagt er. 2001 kaufte Ingbert Kolfenbach in Marienheide eine Aral-Tankstelle mit Reifenhandel und Wohnhaus und gründete mit seinem Sohn die H+I Kolfenbach GmbH.

KLAGEN GEGEN DEN KONZERN

Die Mineralöl-Branche blieb in Bewegung: Aral wurde von BP übernommen, die die Philosophie wieder weg von den Mehrfachbetreibern sah. „Ich sollte meine Stationsleiter entlassen, aber das waren gute Leute", sagt Kolfenbach. Er griff damals in die Trickkiste und seine Frau bewarb sich parallel bei Shell; mit dem Ergebnis, dass sie beide bald darauf fünf Shell- und vier Aral-Tankstellen hatten. Als Aral davon erfuhr, kündigten sie ihm umgehend. Nach fünf Jahren bei Shell forderte auch dieser Konzern das Unterzeichnen neuer Verträge, und wieder passten Ingbert Kolfenbach die Neuerungen nicht. Sie ließen sich kündigen und prozessierten zweieinhalb Jahre bis zum Bundesgerichtshof – erfolgreich. Mit der nun erhaltenen Ab-

Sohn Holger betreibt heute mit Vater Ingbert einen Reifenhandel.

INGBERT KOLFENBACH

Ingbert Kolfenbach als Angestellter, 1971.

findung baute sich Kolfenbach ... eine Tankstelle. Diesmal lief sie unter Star. Er betreibt sie auch heute noch – zusammen mit fünf weiteren Star-Tankstellen.

Geringer wurde der Wettbewerb in der Folge nicht. Im Gegenteil. Zum einen verdiene eine Tankstelle nur noch 20 Prozent mit dem Sprit. Der Rest sei Shop und Pflegegeschäft. Kolfenbach ergänzt seine Tankstellen mit einem Bistro. Die Zeiten, in denen ein Tankwart sich nur mit Sprit und Autos auskennen musste, sind vorbei. „Wer kein Brötchen oder keine Zigaretten bekommt, fährt beim nächsten Mal zur anderen Tankstelle", sagt Kolfenbach. Trotzdem: Stammkundschaft wie früher gibt es wesentlich seltener. Getankt wird dort, wo der Sprit am billigsten ist. Und das ändert sich mehrfach am Tag.

„Früher waren es mal der Sonntagabend und Montagmorgen, wo am günstigsten getankt werden konnte", sagt Kolfenbach. „Heute kann man am besten nach 18:00 Uhr tanken." An jeder seiner Tankstellen steht ein Laptop, über den automatisch jede halbe Stunde der Spritpreis der Konkurrenz aus dem Internet abgerufen wird. Ist er dort nicht verfügbar, fahren die Mitarbeiter selbst bei der Konkurrenz vorbei und schauen nach. „Geht ein Wettbewerber mit dem Preis runter, geben wir diesen in die Kasse ein", beginnt Ing-

INGBERT KOLFENBACH

bert Kolfenbach zu erklären, wie Preise entstehen. „Das geht dann zur Star-Zentrale nach Elmshorn, die die Plausibilität des Preises überprüfen." Mit einer Reaktionszeit von etwa 15 Minuten, erhält auch er einen neuen Preis, der in der Regel noch unterhalb dem der „A-Marken" wie Aral und Shell liegt.

„Ist der Preis einmal unten, verkaufe ich in vier Stunden mehr Kraftstoff als sonst in zehn", berichtet er. „Dann rennen sie uns die Bude ein." Doch dann leidet gleichzeitig das Shop-Geschäft, weil jeder aus dem Trubel schnell wieder raus will. „Der Shop macht aber etwa einen Umsatz von 60 % aus", sagt Kolfenbach. Auch mit 40 Jahren Erfahrung ist an ein gemütliches Füße hochlegen oder zumindest eine lockere Routine kaum zu denken. Ingbert Kolfenbach fasst es kurz und knapp zusammen: „Das ist ein sehr hartes Geschäft geworden."

LUDWIG PETER KRÄMER

Die Säulen des Busbahnhofs
Was auf den Baustellen bei Zanders, Busbahnhof und Mediterana geschah

Ein selbstständiger Tiefbauunternehmer darf keine Angst vor großen Baustellen haben. Und manchmal dürfen es auch Superlative sein. Für den Gladbacher Ingenieur Ludwig Peter Krämer war dies 1991/92 bei der Firma Zanders der Fall. Eine über 100 Meter lange Maschine, genannt PM3, sollte eingebaut werden. 170 000 Kubikmeter Erde mussten dafür ausgehoben werden. Drei Bagger waren zweieinhalb Jahre lang im Einsatz. Zum Vergleich: Für ein Einfamilienhaus müssen etwa 300 Kubikmeter ausgehoben werden, eine Lkw-Ladung fasst knapp zehn Kubikmeter Erde. Für diese Baustelle musste Krämer somit knapp 600 Einfamilienhäuser ausheben und rund 17 000 Lkw-Ladungen Erde abtransportieren.

Dass bei Großprojekten mit komplexen Abläufen und vielen Mitarbeitern nicht immer alles glatt läuft, liegt auf der Hand. So sollte zum Beispiel ein Mitarbeiter jeden Morgen die Maschinen der Baustellen betanken. Damit er rechtzeitig mit der Arbeit fertig würde, sollte er die Vorbereitungen bereits am Abend vorher treffen. Dafür sollte er vom großen, fest installierten Tank das Benzin in einen kleinen, mobilen Tankwagen abzapfen, um damit von Fahrzeug zu Fahrzeug fahren und diese betanken zu können. „Als ich am nächsten Morgen im Büro stehe, sehe ich, wie der Mitarbeiter den mobilen Tank befüllt", erzählt Ludwig Krämer. „Naja, dachte ich mir, wird er wohl vergessen haben, dass er das abends machen sollte. Warte ich mal bis morgen." Doch am nächsten Morgen beobachtete er dasselbe Spiel.

Eine Woche ließ er sich und dem Mitarbeiter Zeit. Dann sprach er ihn darauf an, warum er den mobilen Tankwagen nicht wie besprochen abends auffülle, sondern erst am nächsten Morgen. „Aber Chef", antwortete der Mitarbeiter, „ich machen abends Tank voll und komme morgens – dann ist Tank leer." Da füllte er ihn halt Morgen für Morgen mit einem gewissen Pflichtbewusstsein erneut auf. Krämer war sofort klar, dass ihm da über Nacht der Diesel geklaut wird. Aber was tun? „Vier Wochen habe ich mich dann jeden Morgen ab vier Uhr auf die Lauer gelegt, bis ich den Dieb dann auch erwischt habe", erzählt der Ingenieur. Es stellte sich heraus, dass ein anderer Mitarbeiter glaubte, sein Benzin billig beim Arbeitgeber „einkaufen" zu können. Insgesamt hatte er an die 1 000 Liter Diesel abgezapft, die

LUDWIG PETER KRÄMER

Senior Ludwig und Junior Ludwig Peter Krämer.

der zuständige Kollege in seiner Unwissenheit treuherzig wieder auffüllte, während sich Krämer in wohlwollender Geduld über die missachtete Arbeitsanweisung übte.

DIE ERFINDUNG DER WUNDERZANGE

Oft muss ein Unternehmer Risiken eingehen. Manchmal hat er dabei Pech, manchmal Glück. Als der Gladbacher Busbahnhof, an dem heute Marktkauf steht, abgerissen werden sollte, wurde Ludwig Krämer beauftragt, tragende Säulen abzureißen. Angedacht war, diese Säulen abzusägen und von Hand mit kleinen Geräten zu zerstückeln. Der Aufwand war bei Angebotserstellung kaum zu kalkulieren, weil niemand wusste, wie die Säulen sich in der Praxis zerkleinern lassen würden. Um das Risiko überschaubar zu halten, brachte Ludwig Krämer einen entsprechend hohen Betrag auf sein Kalkulationspapier, während gleichzeitig eine Firma eine völlig neue Betonzange auf den Markt brachte. Krämer ging das nächste Risiko ein, investierte 90 000 Mark und kaufte das Gerät. „Keiner wusste, ob das überhaupt funktionieren würde", sagt er, „aber es war einfacher, als wir uns das vorgestellt hatten."

Innerhalb von Minuten konnten durch diese neue Maschine die zehn Säulen mit einem Durchmesser von 90 Zentimetern bearbeitet werden. Die Mitarbeiter pitschten die Säulen unter der Decke und am Boden durch und machten sie klein, die Reste konnten mit Lkws bequem abtransportiert werden. „Da hatten wir etwas riskiert bei dem Angebot und hatten dann Glück, dass alles so gut klappte", resümiert Krämer. Der Bauleitung fiel die Diskrepanz zwischen Kalkulation und Arbeitsaufwand jedoch ebenfalls auf und fragte nach einer Preisreduzie-

Luftbild der Firma Krämer in Bergisch Gladbach-Hebborn um 1990.

rung. Krämer lehnte aufgrund der hohen Investitionskosten für die Maschine jedoch ab.

SCHULDIG ODER UNSCHULDIG?

Heikler als 1 000 Liter Diesel oder ein schwer zu kalkulierendes Angebot war für den Unternehmer jedoch das Projekt beim Bau des Mediterana. Nach der Ausschreibung wurde Krämer damit beauftragt, den Grund mit Schotter aufzufüllen. Als mit dem Bau bereits begonnen war, stellten die Verantwortlichen fest, dass der Boden so nicht tragfähig für die geplanten Bauten war. Da die Firma Krämer die Schotterplanung übernommen hatte und damit unmittelbar unter dem Fundament tätig gewesen war, war er als Schuldiger schnell bestimmt. Auch ein Gutachten kam zu dem Schluss, das Problem sei Krämers Verschulden.

Der Aufwand damals war immens. Zunächst kam es zu einem Baustopp. Dann mussten sämtliche Fundamente abgerissen und später neu gefertigt werden. Doch Ludwig Krämer war überzeugt davon, den Schotter ordnungsgemäß von der Dicke und vom Material her eingebaut zu haben. „Das erste Gutachten war aus der Schublade gezogen und nicht auf diesen konkreten Boden abgestimmt", sagt er. „Viel früher war auf dem Gelände mal ein Bauernhof." Er gab nicht auf und ein weiteres Gutachten in Auftrag. Dieses widerlegte in seinem Ergebnis das erste Gutachten. „Aber bis das klar war, hatte ich Angst, dass diese Baustelle komplett in die falsche Richtung läuft und ich einige Hunderttausend an Schadensersatz hätte zahlen müssen", sagt Krämer. Der Unternehmer hatte zwar ordentlich geschwitzt, aber am Ende ging die Sache für ihn noch gut aus.

MARKUS LÜTTGEN

Der zersplitterte Wartburg
Von der Schmiede bis zur EU – Vier Generationen im Wandel der Zeit

Senior Hans Lüttgen

Irgendwann im 19. Jahrhundert gründete Markus Lüttgens Urgroßvater an der Odenthaler Straße eine Huf- und Wagenschmiede. Er beschlug Pferde und stellte Wagenräder her. 1928 waren die Hauptverkehrsmittel der Bergisch Gladbacher zwar immer noch Pferd und Droschke, aber Jean Lüttgen, der Sohn des Schmieds, sattelte um und setzte auf mehr Pferdestärken als jenes eine PS. In Ford – damals noch in Berlin ansässig – fand er einen Partner. Die Verpflichtung, die Lüttgen damals mutig einging, klingt heute beinahe drollig: Er unterschrieb, im Jahr vier Autos abzunehmen. Statt vier Autos verkaufen Jean Lüttgens Enkel Markus und Michael mit ihrem Team heute rund 1 000 Neu- und Gebrauchtwagen jährlich.

Nach dem BWL-Studium stieg Markus Lüttgen 1994 im väterlichen Betrieb ein. Sein Bruder Michael, Maschinenbauer und Kfz-Mechaniker, war bereits dort tätig. Das Haupthaus war bereits 1963 vom Vater auf die gegenüberliegende Straßenseite verlegt worden. 1998 übernahmen die Brüder gemeinschaftlich die Geschäftsführung des Autohauses Jean Lüttgen. In vier Generationen von der Schmiede zum Hightech-Geschäft.

In 2009, dem Jahr der Verschrottungsprämie, setzte das Autohaus sogar 1 200 Fahrzeuge ab. „Da drehte ja die ganze Welt am Rad, Gott sei Dank!", sagt Markus Lüttgen. Ein anderer Quantensprung im Verkauf war die Wiedervereinigung. Mit einem Schlag kam ein völlig neuer Markt hinzu, der nach Autos lechzte, die nicht Trabant oder Wartburg hießen. Auch für Markus Lüttgen wurde es ein profitables Geschäft. Bergisch Gladbach war zwar geografisch weit weg von „drüben", aber die Nachfrage war so groß, dass für die Käufer Kilometer keine Rolle spielten. „Wir bekamen unheimlich viele Anrufe, in denen die Leute ungesehen Autos kauften. Es gab zu der Zeit in Deutschland kaum noch Gebrauchtwagen", erzählt Lüttgen. „Die kamen bei mir im Geschäft an, stellten ihren Koffer auf den Tisch und darin waren dann 12 000 Mark für das Auto."

12 STUNDEN FÜR 480 KILOMETER

Als zusätzlichen Service bot das Autohaus an, die alten Ost-Fahrzeuge zu verschrotten. Das ging nicht immer gut. Markus Lüttgen erzählt: „Eines der letzten Autos, die wir damals hier verkauften, war ein Ford Orion, das viertürige Stufenheckpendant zum

Gelände des Autohauses Lüttgen an der Odenthaler Straße um 1970.

MARKUS LÜTTGEN

Außenansicht von 1970.

Ford Escort. Nicht das allerschönste Auto, aber auch den wollte jemand haben." Sie verabredeten mit dem Käufer, dass dieser nachmittags käme, seinen Wartburg stehen ließe und mit dem Orion wieder nach Hause führe. Für die rund 480 Kilometer von Leipzig nach Bergisch Gladbach kalkulierte der Käufer zwölf Stunden, die er auch brauchte.

„Herein kam dann wieder ein Bargeld-Koffer-Kandidat", sagt Lüttgen. „Er stellte den Koffer auf die Theke, erhielt nach Zählung des Geldes die Rechnung und seine Papiere und wir den Schlüssel von seinem Wartburg." Ein einfach abgewickeltes Geschäft und beide Seiten waren zufrieden. Der glückliche neue Autobesitzer erhielt eine Einweisung des Fachpersonals und fuhr mit seinem Ford fort. Was blieb war der Wartburg. Der Wunsch, auch mal einen Wartburg zu fahren, wurde einem Mitarbeiter – und dem Wartburg – jedoch zum Verhängnis. Der Mitarbeiter fuhr los und wollte den Wagen hinter der großen Halle

MARKUS LÜTTGEN

Außenansicht von 1990.

abstellen. „Dann stellte er fest, verdammt, keine Bremswirkung. Er trat so richtig schön ins Leere", erzählt Lüttgen.

„Dann zog er die Handbremse, aber ebenfalls nichts, und parkte den Wagen frontal vor der Werkstattwand. Der Wartburg zersplitterte total. Die zerknautschten ja nicht, weil sie aus Kunststoff bestanden." Damit erklärten sich auch die zwölf Stunden Fahrt, denn der Käufer hatte den Weg von Leipzig nach Bergisch Gladbach anscheinend komplett ohne Bremsen zurückgelegt. Ein Jahr nach der Wiedervereinigung standen auf dem Hof des Autohauses Lüttgen nicht mehr wie üblich 70 bis 100 Gebrauchtwagen, sondern nur noch zwei oder drei. Auch das Angebot an Neuwagen beschränkte sich in der Halle auf gerademal eines.

FORD WAR „NOT AMUSED"

Anfang des neuen Jahrtausends gab es einen Umbruch in der europäischen

MARKUS LÜTTGEN

Automobilbranche. Bis dahin erlaubte die sogenannte Gruppenfreistellungsverordnung den Herstellern, exklusive Verträge mit den Händlern abzuschließen. Damit existierte eine Art Gebietsschutz für den Händler. Diese Verordnung wurde durch die EU geändert, da sie eine Beschränkung des Kartellverbotes darstellte. Viele bezeichneten damals den Auto-Händler als Auslauf-Modell und prognostizierten, dass Fahrzeuge nur noch über das Internet verkauft werden würden. Andere befürchteten, dass nun ein großer Autohändler neben dem anderen aufmachen und sie sich gegenseitig die Geschäfte wegnehmen würden.

Die Brüder Lüttgen wappneten sich für die Zukunft. Als alteingesessener Betrieb hatte das Autohaus einen Marktanteil, der deutlich über dem Bundesdurchschnitt lag. Wachstum schien mit Ford nicht mehr möglich. „Die Frage war: Entweder wir gehen in einen anderen Markt oder wir gehen den Weg mit einer anderen Marke", sagt Markus Lüttgen. Dann kam Fiat auf die Brüder zu, eine Marke, die nicht das gleiche Portfolio abbildete wie Ford. „Uns war klar, dass wir dadurch neue Kunden bekommen könnten. Anders wäre es zum Beispiel bei Skoda gewesen. Das wäre ein Substitut gewesen. Entweder Ford oder Skoda, aber Fiat war ein ganz klares Zusatzgeschäft", erklärt Lüttgen den Schritt nach vorn in einer Zeit, als andere das Ende des Automobilhandels beschworen.

2006 eröffneten sie die FIAT-Niederlassung im Hauptgeschäft. „Das waren wir unseren Mitarbeitern schuldig, da standen wir in der Verantwortung", sagt der Geschäftsführer. Ford sei zunächst „not amused" gewesen, hatte seit der Änderung der EU-Verordnung jedoch kein Mittel einzuschreiten. „Nach einem halben Jahr der Unzufriedenheit, sahen dann auch sie ein, dass es unserem Haus sehr gut getan hatte", sagt Lüttgen, „denn unser Ford-Geschäft legte sogar noch zu, da sich die Marken-Konstellation gegenseitig befruchtete." Wege entstehen dort, wo man sie geht. Die Brüder Lüttgen hatten – wie schon ihr Großvater Jean – das Gespür und den Mut, neue Wege zu sehen, zu gehen und entstehen zu lassen.

PETER SERVOS

Eine Million Mark in der Tragetasche
Der Alltag eines Steuerberaters kann durchaus spannend werden

Peter Servos absolvierte zunächst eine Ausbildung zum Speditionskaufmann. Das lag nah, besaßen doch seine Eltern die Spedition Servos in Bergisch Gladbach. Da sein Bruder bereits in der Spedition tätig war, sah Peter Servos in dieser Branche nicht seine Zukunft. Er begann zu studieren und wurde Steuerberater und Wirtschaftsprüfer. Wer dies für eine wahrhaft trockene Angelegenheit hält, hat sich noch nicht mit Peter Servos über seine speziellen „Fälle" unterhalten. Mindestens zwei davon sind so ungewöhnlich, dass sie gut und gerne die Titelseiten von Boulevardblättern füllen könnten. Bei beiden waren es eigentümliche Frauen, die ohne Termin und Vorankündigung plötzlich vor seiner Tür standen.

Die „Servos Winter & Partner GmbH" hat Büros in Bergisch Gladbach, Rösrath, Köln und Berlin. Im Berliner Büro ging die Büroklingel Anfang der 90er-Jahre abends gegen sechs Uhr. Im Türrahmen stand eine Frau, die aussah, als lebe sie auf der Straße. In jeder Hand trug sie eine bis oben hin prall gefüllte Tasche. Aus einer der Taschen holte sie einen 500-Mark-Schein und drückte ihn Peter Servos in die Hand. Was die Frau, die tatsächlich eine Obdachlose war, ihm dann erzählte, klingt unglaublich.

„Eigentlich wollte ich sie wieder weggeschickt haben, als sie mir zu verstehen gab, dass sie seit 14 Tagen durch Berlin läuft und in jeder der beiden Taschen jeweils 500 000 Mark waren", erzählt Peter Servos. Er kann bis heute nicht erklären warum, doch er ließ die Frau dennoch eintreten. Sie erklärte ihm dann, ein guter Freund habe ihr das Geld geschenkt. Sie wüsste auch seinen Namen: Phillip.

GERNE OBDACHLOS

Noch unglaublicher ging die Geschichte weiter, denn die Frau bekundete, da sie seit Jahren auf der Straße lebe, könne sie sich ein anderes Leben nicht mehr vorstellen. „Das musste ich mir auf der Zunge zergehen lassen", sagt Servos. „Da kommt sie mit einer Million Mark in den Taschen zu mir und sagt, sie könne sich kein anderes Leben vorstellen." Von Peter Servos wollte sie eine Beratung, wofür sie ihm die 500 Mark als Anzahlung geben wollte. Steuern war sie bereit in jeglicher Form zu zahlen. „Dann erzählte sie mir ihre Lebensgeschichte und auch, dass sie das Geld von einem Freund bekam, der ebenfalls auf der

115

Straße lebte", sagt Servos. Er nahm den Fall an und die Frau zog wieder ab. Das Geld wollte sie nicht in der Steuerkanzlei lassen, sondern lieber wieder mitnehmen.

Peter Servos wollte als erstes für die Frau ein Konto bei einer Bank eröffnen. Doch da seine Mandantin weder einen festen Wohnsitz noch einen Pass hatte, winkte die Bank zunächst ab. Der Wirtschaftsprüfer begleitete die Millionärin zunächst zu den notwendigen Behördengängen, um sowohl seine Mandantin als auch das Geld zu legitimieren. Weder die Behörden noch die Polizei wussten recht umzugehen mit dem Fall. Schließlich konnte ein Konto bei einer Bank eröffnet werden, die auch die Echtheit der Scheine bestätigte. Von der Million zahlte die Dame zunächst wie vorgeschrieben fast 30 Prozent Schenkungssteuern. „Weil die Finanzverwaltung eine Schenkung von Unbekannt annahm, rutschte sie in die höchste Steuerklasse", erklärt Servos. „Doch das hat sie alles akzeptiert. Sie wolle nur ihren Frieden, hat sie mir gesagt."

Was ihn am meisten fasziniert habe, sei die Tatsache gewesen, dass seine Mandantin trotz des unverhofften Reichtums weiterhin auf der Straße leben wollte. „Damit musste ich erst mal zurechtkommen", gibt er offen und heute noch kopfschüttelnd zu. Schließlich habe sie rund 600.000 Mark an eine Obdachlosen-Organisation in Berlin gespendet und den Rest für persönliche Vorsorge wie Krankenversicherung genutzt.

KUNST STATT HONORAR

Anfang der 90er-Jahre klingelte wiederum eine Frau an Peter Servos Bürotür, die auf den ersten Blick ungewöhnlich wirkte. Dieses Mal war es im Bergisch Gladbacher Büro. Die Frau trug ein Schreiben der Finanzbehörde bei sich, in dem sie bezüglich ihres Einkommens geschätzt worden war. Sie gab sich als Malerin aus und war ihren steuerlichen Verpflichtungen bislang nicht nachgekommen. „Sie sagte mir direkt, dass sie kein Geld habe, aber sollte ich ihr helfen, würde sie das wiedergutmachen. Sie wolle mir dann für meine Arbeit Bilder vorbeibringen", erinnert sich Servos. Es gehörte nicht zu Servos' Philosophie, ohne Honorar zu arbeiten, aber aus irgendeinem Grund, „goodwill" nennt er es, übernahm er dennoch für die Besucherin den Schriftverkehr mit dem Finanzamt.

Auch diese Frau konnte keinen festen Wohnsitz angeben. Sie lebe mal hier und mal dort. Auch bei diesem Fall dauerte das Prozedere mehrere Wochen, an deren Ende der Steuerberater erreichte, dass seine Mandantin keine Steuern zahlen musste. Der Vorgang war daraufhin für ihn abgehakt. Vier Monate später klingelte die Dame erneut an seiner Tür, bepackt mit Bil-

PETER SERVOS

Aus „goodwill" wurde unverhoffter Geldsegen.

dern. „Sie sagte dann nur: Servos, hier bin ich, kannst dir was aussuchen", erzählt Peter Servos, der damals reichlich perplex war. Die Aquarelle mit Motiven aus Paris wollte die Frau extra für ihn gekauft haben, um ihre Schulden begleichen zu können.

„Die Bilder hängen heute noch bei mir im Büro", sagt Servos. Da er gute Kontakte in die Kunstszene in Berlin hatte, konnte er herausfinden, dass es sich um Originale handelte. Er erhielt auch eine Expertise, die besagte, dass die Bilder einen Gesamtwert von 25 000 Mark hatten. Katalogisiert waren sie auf einen französischen Maler, jedoch ließ sich die Spur, wie sie zu Servos Mandantin kamen, nicht mehr ganz zurückverfolgen. Der „goodwill" hatte ihm nicht nur ein in Erinnerung bleibendes Erlebnis, sondern auch ein lohnendes Geschäft beschert. Hätte er damals eine Rechnung geschrieben, hätte sie sich auf 700 Mark belaufen.

PATRICK DUSKE

Brillante Ideen und Tränen der Verzweiflung
50 Jahre Höhen und Tiefen im Malerbetrieb Duske

Manchmal sind es die großen Ideen, die wohldurchdacht, kreativ und planvoll zu entscheidendem Erfolg führen. Manchmal aber sind es auch die kleinen Momente, die nur ein paar Sekunden dauern und doch dem

Patrick Duske als Geschäftsführer 1991.

Leben eine völlig andere Richtung geben können. Patrick Duske kennt beides.

Schon sein Vater Helmut Duske schien das Motto zu verfolgen: Wege entstehen dort, wo man sie geht. Mit acht Jahren gehörte er zu den Flüchtlingen, die 1946 aus Pommern fliehen mussten. Als Berufsziel gab es für ihn nur eines: Maler. Da es in Samtleben, wohin es die Familie verschlagen hatte, keine Lehrstellen gab, zog er mit 14 Jahren allein nach Bergisch Gladbach. Bei der Firma Bilstein absolvierte er seine Lehre, wurde Geselle und Meister und machte am 31. Oktober 1962 sein eigenes Geschäft auf. Er hatte keinerlei Unterstützung und kein Geld, sein Startkapital war einzig der Mensch Helmut Duske – seine sympathische, offene Art, seine Freundlichkeit, seine Herzlichkeit.

Zwar brachte ihm dies durchaus das Vertrauen der Kunden ein, doch so richtig gut an lief der Betrieb erst 1968, als sich Helmut Duske wieder einmal entschied, einen neuen Weg zu gehen. Er setzte auf Service und Werbung. So schlicht die Idee klingt, so durchschlagend war sie: Duske sicherte dem Kunden nach der Auftragserteilung eine rasche Ausführung („Malerschnelldienst") zu und hielt dieses Versprechen ein. Der Maler-Schnelldienst war so simpel wie erfolgreich, denn anscheinend war es genau das, worauf die Kunden gewartet hatten. „Unser Betrieb war so konstruiert, dass wir immer noch irgendwo zusätzlich ein Zimmer streichen konn-

PATRICK DUSKE

Foto der Firmenbelegschaft 1999, Werkstatt Buchholzstraße 58.

ten", sagt Patrick Duske, der das Prinzip seines Vaters bis heute beibehalten hat.

Naja, nicht nur beibehalten, sondern auch ausgebaut. Ende der 1980er-Jahre nutzte er die Technik, um die Geschwindigkeit weiter zu steigern. Statt mühsam bei jedem Tippfehler ein neues Blatt in die Schreibmaschine zu spannen, hatte er sehr früh einen Computer, druckte die Schreiben aus und sendete sie per Fax an den Kunden. Wieder war die Firma Duske – wie schon 20 Jahre zuvor – schneller als alle anderen. Das Unternehmen wuchs innerhalb kurzer Zeit auf 40 Mitarbeiter.

IN LEIPZIG SCHIEN ALLES AM ENDE

Zum damaligen Zeitpunkt wurde alles, was Patrick Duske anfasste, ein Erfolg. Nach der deutschen Wiedervereinigung erhielt er Aufträge, in Leipzig Plattenbauten zu sanieren. Er eröffnete ein eigenes Büro, kaufte sich einen Pilotenkoffer und flog zweimal im Monat nach Sachsen, um nach dem Rechten zu sehen. „Mein Steuerberater sagte mir bei der Eröffnung des Leipziger Büros: Das nennt man Konzern. Damit war ich also Konzern-Chef", sagt Patrick Duske schmunzelnd. Inzwischen hatte er schon 75 Mitarbeiter.

PATRICK DUSKE

Doch dann kam der Absturz. Insbesondere das Geschäft in Leipzig lief aus dem Ruder. 1995 brach alles zusammen wie ein Kartenhaus. Die Firma Duske erhielt in Bergisch Gladbach kaum noch Farbe ohne Barzahlung, Löhne konnten nur noch verzögert bezahlt werden. Patrick Duske glitt seine Existenz aus den Händen. „Meine besten Meister verließen mich, die Sekretärin schmiss hin, weil sie den Druck nicht mehr aushielt und ständig für mich lügen sollte. Das war mein absoluter Tiefpunkt", sagt er. Doch es ging noch einen Tick tiefer.

In Leipzig hatten sich die Arbeiten auf der Baustelle durch das Verschulden der Firma Duske verzögert, und die Bauleitung hatte Gelder im sechsstelligen Bereich eingefroren. Duske flog diesmal nicht mit seinem Pilotenkoffer gen Osten. Er fuhr im Sechser-Abteil der Deutschen Bahn. „Ich hatte 50 Mark in der Tasche und mein Bahnticket, sonst nichts. Zur Baustelle bin ich zehn Kilometer zu Fuß gelaufen. Ich fühlte mich richtig schlecht", beschreibt Patrick Duske jenen Tag.

Kaum hatte er den Baucontainer betreten, drohte die Architektin ihm da-

Erster Firmenwagen von Helmut Duske, 1962.

PATRICK DUSKE

mit, die Baustelle zu schließen und ihm alles zu entziehen. Das war zu viel. Der ganze Druck der letzten Wochen brach aus Patrick Duske heraus, und unter Tränen sagte er: „Wenn Sie mir nicht sofort 100 000 Mark überweisen, ist alles, auch das, was meine Eltern aufgebaut haben, verloren." Es wurde totenstill im Raum. Die Architektin forderte ihn auf, sich zu setzen und erst einmal einen Kaffee zu trinken. Dort saß Patrick Duske immer noch und starrte vor sich hin, als die zweite Architektin den Container betrat und ihn ebenfalls zur Rechenschaft ziehen wollte.

Und dann kamen jene paar Sekunden, die alles verändern können. Die erste Architektin sagte zu ihrer Kollegin: „Lass den Duske in Ruhe, dem müssen wir jetzt sofort helfen." Vier Tage später lagen die eingefrorenen 100 000 Mark auf dem Firmenkonto. „Das war der Knackpunkt für mich", sagt Duske. „Danach hatte ich auch den Tiefpunkt überwunden und alles wurde gut."

DIE NEUERFINDUNG DES MALERHANDWERKS

Im Jahr 2004 erwarb die Firma Duske eine Lagerhalle in Köln. Die Lieferanten lieferten das Material in die Halle, Lagerarbeiter verteilten es in die Regale und am nächsten Tag wieder in die einzelnen Fahrzeuge für die Baustellen. 40 Mitarbeiter und 20 Fahrzeuge verursachten morgens trotz theoretisch gut durchdachter Strukturen vor allem eines: Chaos. „Es war eine Situation, die mich jeden Morgen verrückt gemacht hat. Es kam Hektik auf, alle waren nass geschwitzt und jeder froh, wenn um halb acht dieses Theater vorbei war", erzählt Duske.

Er begann zu überlegen und blendete dabei vor allem eines aus: Dass dieser Ablauf im gesamten Malerhandwerk so üblich war. Und dann machte er alles völlig anders. Er kaufte 20 drei Meter lange Anhänger „Modell Alu-Koffer" und investierte auf einen Schlag rund 60 000 Euro. „Alle haben mich für verrückt erklärt", sagt Duske. Allerdings nicht lange. Ab sofort lieferte der Farbengroßhandel Traudt direkt an die Hänger, und zwar so, dass vor Ort jede Arbeit sofort ausgeübt werden konnte, egal ob Anstricharbeiten oder

Duskes Anhängersystem, Alu-Koffer, im Einsatz seit 2004.

PATRICK DUSKE

Helmut Duske nach bestandener Meisterprüfung im Jahr 1962.

Farbmischungen, Schraub- oder Bohrarbeiten und egal in welcher Höhe. Die Verteilung der Anhänger übernahm ebenfalls der Lieferant, und er entsorgte sogar den Müll. Dafür machte er nun quasi sein ganzes Geschäft mit Duske und hatte einen vollen Auftragskalender.

Der Erfolg ließ alle Skeptiker verstummen: Nach nur zwei Wochen standen zwölf Fahrzeuge unbenutzt auf dem Hof. Durch deren Verkauf hatte Patrick Duske den größten Teil seiner Investitionen schon wieder eingespielt. Die Anhänger waren kostengünstiger im Unterhalt, Lagerarbeiter konnten nun auf den Baustellen mitarbeiten, und 80 Prozent der Halle wurde nicht mehr benötigt und konnten vermietet werden. Der mutige Entschluss, den ausgetretenen Weg zu verlassen, brachte dem Malerbetrieb Duske einen wettbewerbsmäßigen Vorteil, der seinesgleichen in dieser Branche sucht.

Immer noch perfektioniert Patrick Duske das einzigartige Hänger-Logistiksystem weiter. Es gibt Hänger mit Hochdruckgerät, Gerüsten oder einem Pavillon, damit die Maler auf den Baustellen im Trockenen arbeiten konnten. Als letzte Neuerung ersetzte er im Jahr 2012 die Schlösser durch Zahlenschlösser. Ja und? Damit entfallen 300 Fahrten der Gesellen zum Büro, um den Schlüssel für die Hänger zu holen. Das spart insgesamt 600 Stunden im Jahr. Kleine Idee – große Wirkung.

ILIAS KIRIAKIDIS

Ein Hanomag als Crêpes-Mobil
Wie ein Grieche alles, was er in die Hand nahm,
zum Kult werden ließ

Drei Dinge findet Ilias Kiriakidis wichtig: Positive Verrücktheit, Träume und Disziplin. Denn, so sagt er: „Deine Träume und die Verrücktheit kannst du nur verwirklichen, wenn du diszipliniert bist." Kiriakidis hatte alle drei und noch irgendetwas ganz Besonderes mehr, denn egal, was er in Bergisch Gladbach anfasste, es wurde früher oder später zum Kult.

Seit über 40 Jahren ist der Grieche Gladbacher, ging in der Buchmühle zur Schule und machte in Schildgen eine Elektriker-Lehre. Doch irgendwie war das noch nicht das, was er sich

Das legendäre Crêpes-Mobil von Ilias Kiriakidis auf Bergisch Gladbachs Straßen, Mitte der 1970er-Jahre.

vom Leben erwartete. Ein erster Traum entstand 1976 beim Crêpe essen in Köln mit der Erkenntnis, dass es so etwas in Gladbach nicht gab. Für ein Ladenlokal war kein Geld da, aber Kiriakidis' Frau Sylvia warf die Idee ein: „Mach doch so etwas wie einen Eiswagen – nur mit Crêpes."

Ilias kaufte einen alten weißen Hanomag-Henschel, seine Frau schrieb „Crêpes-Mobil" darauf und malte die französische Fahne daneben. Das Ordnungsamt hatte von einem Crêpes-Mobil noch nie gehört, verstand jedoch „Pfannkuchen", schrieb daraufhin fließendes Wasser vor und ließ sich von Kiriakidis überzeugen, dass es „ein Kanister mit Wasser auch tut." Auch mit dem Gewerbeschein in der Tasche war jedoch der Hanomag hinten zu niedrig, um aufrecht darin zu stehen. Ilias beauftragte einen Schlosser, ein Loch in den Boden zu schneiden. Der Schlosser tat wie ihm geheißen und setzte eine Blechwanne ein.

Mit einer Gasflasche, einer extragroßen, gusseisernen Pfanne und einem ausgeklügelten Zeitplan begann Ilias das Crêpes-Geschäft von Pausenhof zu Pausenhof. Seine Frau nahm die Bestellungen an und er bereitete innerhalb einer Viertelstunde zwischen 50 und 80 Crêpes zu – mit Zucker, Schokolade oder Apfelmus und als Special mit ein paar Tropfen Grand Marnier, was für die Kids das Größte war. „Mein Wagen wackelte teilweise wie ein Schiff, weil die Kinder so dagegen drängten", erzählt er. Während der Fahrt ließ er die Gasflamme brennen, damit er an der nächsten Schule keine Zeit mit Aufwärmen der Pfanne verschwendete.

Als Ilias den Wagen nach zwei Jahren durch den TÜV bringen wollte, vermittelte ihm der Prüfer, dass so eine Vertiefung nicht erlaubt sei. Kiriakidis fragte: „Kannst du mir mal sagen, wie ich meine Crêpes verkaufen soll, wenn ich hier nicht richtig stehen kann?" Der Sachverständige murmelte etwas von „beklopptem Griechen", ließ ihn die Wanne entfernen und gab ihm die Plakette. Ein Loch sei schließlich kein Rost.

DIE GESCHENKTEN REIBEKUCHEN

„Es war eine schöne Zeit für uns", sagt Ilias. „Zwar hatten wir nicht so viel Geld, aber für den Aufwand war es ein lohnendes Geschäft." Die Berühmtheit, die er mit seinem rollenden Crêpes-Mobil bei den Schülern erlangte, wurde ihm selbst erst bei einem Holland-Urlaub bewusst. „Mutti, Mutti, der Crêpes-Mann", habe dort ein Kind gerufen, und er drehte sich um, um sein holländisches Pendant zu sehen. Aber der kleine Junge zeigte auf ihn. Im Ausland, ohne Crêpes und von hinten – mehr Bekanntheitsgrad ist kaum zu erlangen.

ILIAS KIRIAKIDIS

Ilias und seine Fußball-Mannschaft.

Nach drei Jahren sehnte sich Kiriakidis nach etwas anderem. Er verkaufte Wagen und Kundenstamm an einen Studenten, der in relativ kurzer Zeit pleite war. Er hatte nicht jeden Tag „Bock darauf", alle Schulen auf den Pausenpunkt genau anzufahren. Ohne Disziplin keine Verwirklichung der Träume.

1980 besetzten Ilias und sein Onkel Simon einen Stand auf dem Gladbacher Weihnachtsmarkt. Als Zugabe zu den Crêpes gab erneut seine Frau Sylvia den entscheidenden Tipp: Reibekuchen. Die Schwiegermutter steuerte das Rezept bei, und jeden Morgen wurden Kartoffeln geschält. „Wir sind wahnsinnig geworden", sagt Kiriakidis. Nach drei Tagen fand er auf dem Großmarkt einen Händler, der geschälte Kartoffeln verkaufte und sie auch lieferte. „Das war unsere Rettung", sagt er.

Eines Tages kam eine Frau an seinen Stand, bestellte eine Portion Reibekuchen und sagte: „Lecker! Packen Sie mir bitte noch mal drei ein." Als sie hinzufügte, diese seien für ihren Mann im Krankenhaus, brauchte der Grieche weder Träume noch Verrücktheit, sondern schlicht sein Herz. Er sagte:

ILIAS KIRIAKIDIS

Hier, für Ihren Mann, die schenke ich Ihnen, gute Besserung!" Er vergaß die Szene, denn sie war wohl normal für ihn. Nicht so für andere. Ein Standkollege hielt ihm zwei Tage später einen Zeitungsartikel hin. „Ein Grieche muss kommen und uns zeigen, wie man richtige bergische Reibekuchen macht und verschenkt sie auch noch", war dort zu lesen. „Danach haben die Leute mir die Bude eingerannt", sagt Ilias.

Nun musste er so viele Reibekuchen backen, dass der Dampf ihn in der Bude kaum mehr etwas sehen ließ. Für jemanden, der Löcher in Hanomags schneidet, kein Problem. Ilias schraubte das Dach ab und versetzte es mit zwei Dachlatten einen Meter nach oben. Die Öffnung wirkte wie eine Abzugshaube. „Von außen sah es aus, als ob unser Stand brennen würde", erzählt er.

AUS NICHTS MACH KULT

Einige Zeit später waren es nur drei Wörter, die die Träume von Ilias aufblühen ließen. Um Geld zu verdienen jobbte er gerade bei einem Bauunternehmer und schleppte Steine, als er in der Laurentiusstraße las: „Ladenlokal zu vermieten." Der Traum nahm Gestalt an: Eine neue Art von Gastronomie in Bergisch Gladbach, ein Bistro. Mit seinem Cousin und Kompagnon Datzy baute Kiriakidis um. Er riss Wände ein, versehentlich auch eine tragende, und merzte den Fehler mit Eisenträgern wieder aus. Aus bunten Spanplatten baute er Einrichtung und Theke, für die Musik hatte er einen Kassettenrekorder, und auf der Karte standen unter anderem Sprossen mit Kräutersalz.

Es war einfach, und es war familiär, und viele Gäste wurden dort auch so etwas wie eine Familie. „Mit vielen bin noch heute gut befreundet", sagt Ilias. Burkhardt Unrau hatte sein Versicherungsbüro neben der Kult-Kneipe und machte sie zu seinem Wohnzimmer. „Oft wickelte er seine Geschäfte bei

Bei den Gästen immer sehr beliebt: Cousin und Kompagnon Datzy in der Küche vom Bistro Ilias.

mir ab", sagt Kiriakidis. Unrau, Patrick Duske und andere junge Unternehmer waren Stammgäste. „Es war einfach nur fantastisch, was damals bei mir abging", sagt der Gastronom. Wenn auch nicht immer jugendfrei. So erinnert er sich an einen Gast, der eine junge Frau provozierte, oben ohne auf der Theke zu tanzen. Sie stellte die Bedingung, dass der Mann im Gegenzug seinen „kleinen Freund" zeige, den sie dann in die Hand nehmen und sich bei ihm bedanken wolle. „Auf einmal rief einer, Ilias, mach die Musik aus", erzählt Kiriakidis. Alle Gläser verschwanden von der Theke, der Spot wurde auf die Frau gerichtet, die freizügig ihren Teil der Abmachung einlöste. Der Herr jedoch kniff. Den Schluss der Geschichte erzählt der Gastwirt lachend so: „Plötzlich sprangen zwei andere Gäste auf meine Theke, ließen die Hosen runter und die junge Dame konnte sich bedanken."

Ob Ilias es so schon geträumt hatte oder nicht: Das „Ilias" wurde zu einer der größten Gladbacher Szenekneipen, die es je gab. „Jeden Donnerstag hatte ich Magenschmerzen, weil ich wieder Stress mit dem Ordnungsamt bekam, der Abschleppdienst Ärger machte, die Anwohner sich beschwerten oder überall Kölsch Gläser herumstanden", erzählt er. „Ich habe mir manchmal gewünscht, dass es schlechte Tage gäbe, und ich einfach mal wenig zu tun hätte. Aber das passierte nicht." Als ein Sandkastenfreund aus Griechenland vorbeikam und sich besorgt erkundigte, ob es ihm gut ginge, verstand er die Frage gar nicht. Erst in Griechenland traf er seinen Freund wieder, der geglaubt hatte, Kiriakidis habe Leukämie, weil er am ganzen Körper gelb aussah. Irgendwann waren mangelnder Schlaf und Sauerstoff tatsächlich zu viel für den Kult-Kneipier. Er verkaufte das „Ilias" an einen bekannten Kunden. „Ich war leergesaugt. Ich konnte nicht mehr, aber der Verkauf hat mir wehgetan. Mein Herz hing an diesem Laden."

Er ging weitere Projekte an. Keines misslang. Gefragt, wie er sich das erkläre, sagt er: „Mein Opa Jacob hat immer zu mir gesagt: Egal was für einem Menschen du begegnest, habe Respekt vor ihm und behandele ihn gut. Danach lebe ich und vielleicht ist das das Geheimnis meines Erfolges." Vielleicht. Aber nicht nur. Wahrscheinlich ist es eine wilde und äußerst authentische griechisch-deutsche Mischung aus Respekt, Träumen, Verrücktheit, Disziplin und einem sehr großen Herz.

HOLGER BIEBER

„Mittendrin statt nur dabei"
Ein Wort zum Schluss

Als Patrick Duske mich im vergangenen Herbst ansprach, ob ich ihn bei seinem nächsten Projekt unterstützen wolle, sagte ich spontan zu. Wir hatten schon einige verrückte und turbulente Aktionen zusammen erlebt, bei denen ich jedes Mal viel Spaß und Freude hatte. Andererseits sind seine Ideen nie alltäglich, sodass ich hätte stutzig werden müssen, als er mir erklärte, dass er noch etwas nicht Dagewesenes und noch Größeres als bisher machen wolle.

Was Patrick für ein Mensch war, erfuhr ich nach unserer ersten Begegnung im Herbst 2004 relativ schnell. Er war sozusagen der erste „Einheimische", den ich damals nach meinem Umzug nach Bergisch Gladbach kennenlernte. Bei mir um die Ecke gab es ein Gasthaus, in das es mich eines Abends zur Champions-League-Übertragung zog. Plötzlich ging die Tür auf und fünf Männer betraten den Fernsehraum. Wie sich herausstellte, Patrick Duske mit einigen Mannschaftskollegen, die nach dem Fußball-Training in der damaligen Vereinskneipe noch ein Bier trinken wollten. Sofort sprach mich Patrick an, wer ich sei, denn er habe mich hier noch nie gesehen, und ob ich auch Fußballspielen würde. So kam ich zu den 09er-Alte

Holger Bieber und sein ständiger Begleiter, das Diktiergerät.

Herren. Anfangs kannte ich niemanden dort, doch das änderte sich schnell. Nach ein paar Jahren organisierte ich den Spielbetrieb der Alten Herren, und heute bin ich Pressesprecher des Regionalliga-Vereins SV Bergisch Gladbach 09. Ich lernte dort viele nette Menschen kennen, doch Patrick ist durch seine ungemein offene Art immer ein besonderer Weggefährte gewesen und inzwischen ein Freund geworden.

Er brachte mich mit Burkhardt Unrau zusammen, mit dem ich 2009 den zweiten Tom-Morgan-Film schnitt. Wir verbrachten unzählige Stunden im

HOLGER BIEBER

Schnittraum von Berg TV, bis nicht nur der Film fertiggeschnitten war, sondern auch alle Spezial-Effekte zur Zufriedenheit von Burkhardt eingebaut waren. 2011 organisierte und koordinierte ich zum 20-jährigen JUC-Jubiläum das vom JUC nachgestellte Sgt.-Pepper-Bild auf dem Gladbacher Stadtfest, und ein Jahr später half ich Patrick dabei, eine Rede vom Rathausturm anlässlich des 60. Geburtstages von Burkhardt Unrau halten zu können.

Diesmal sollte ich also sein Buch schreiben, anlässlich des 50. Firmenjubiläums des Malerbetriebs Duske. Als er mir seine Idee erzählte, hätte ich noch absagen können, aber meine Neugierde siegte und ich sicherte ihm meine Unterstützung zu.

Unter der Obhut von Hans-Martin Heider wurde das Projekt umgesetzt, und wir wurden mit Karin Grunewald bekannt gemacht, die uns die nächsten Monate intensiv unterstützen sollte. Sodann besprachen wir das endgültige Konzept des Buches, und es konnte losgehen.

Patrick begann damit, eine Liste mit Menschen zu erstellen, mit denen er und sein Vater Helmut im Laufe der letzten 50 Jahre geschäftliche aber auch private Verbindungen hatten. Ich besorgte mir ein Diktiergerät, das unser ständiger Begleiter wurde. Ohne dieses kleine Ding gingen wir gar nicht mehr vor die Tür. Nun waren wir mittendrin statt nur dabei. Patrick stellte den Kontakt her, und wir trafen uns mit den Personen, die sich bereit erklärt hatten, bei dem Buch mitzumachen. Ich schrieb das Interview nieder, und Karin Grunewald machte aus den von mir zu Papier gebrachten Geschichten einen wahren Krimi.

Natürlich verlief nicht alles immer reibungslos, denn Termine platzten oder mussten verschoben werden. Zeitpläne gerieten durcheinander. Doch auch das überstanden wir mit einem sehr verständnisvollen Hans-Martin Heider. Als alle Geschichten geschrieben waren, erhielt jeder Beteiligte seine Niederschrift zur Korrektur noch einmal zurück und wir überlegten gemeinsam, welche Fotos zu den Texten passen könnten. Nach über sechs Monaten war unsere Arbeit an dem Buch erledigt.

Obwohl es anstrengend, nervenaufreibend und mitunter auch sehr stressig war, bin ich sehr froh, dass ich bei diesem Projekt dabei war. Ich habe neue wunderbare Menschen kennengelernt. Wir hatten nicht nur in unserem Team viel Spaß, sondern auch bei jedem einzelnen Interview. Und für mich als Gladbacher „Imi" war es sehr interessant, mit der Geschichte dieser Stadt und ihren Einwohnern vertraut zu werden. Ob es Orte und Häuser sind, an denen ich nun vorbeigehe, und die mich an diese alten Geschichten erinnern, oder Menschen, die ich kennengelernt habe, und mit denen ich besondere Ereignisse verbinde – all das gibt mir das Gefühl, in meiner neuen Heimat Bergisch Gladbach schon sehr lange zu Hause zu sein und ein Teil der Geschichte geworden zu sein. Das war für mich der größte Reiz und Lohn, bei diesem Buch mitgemacht zu haben.

Auch ich möchte mich an dieser Stelle bei allen Beteiligten bedanken: Für das Vertrauen und die Offenheit, die mir alle entgegengebracht haben, sodass dieses wunderbare Werk zustande kommen konnte.

Holger Bieber

Ab sofort in Ihrer Buchhandlung:

Bekannt · Bedeutend · Bergisch

Ein spannend unterhaltsames Buch von Persönlichkeiten, die das Bergische Land hervorgebracht hat.

Veronica Ferres, Martin Kaymer, Heiner Brand, Reiner Calmund, Wolfgang Bosbach, Günter Wallraff, Dieter Müller, Walter Scheel, Herbert Watterott, Willibert Pauels u. v. m.

Hardcover, 168 Seiten, 16,80 Euro
ISBN 978-3-87314-470-5

Rheinisch-Bergischer Kalender 2013

Der 83. Jahrgang ist erschienen.
Das informative Jahrbuch für das Bergische Land

Aus dem Inhalt:
- Hexenverfolgung in Odenthal
- Schloss Burg:
  Alte Ansichten – Neue Erkenntnisse
- Waschbären im Bergischen Land
- Regionalliga-Aufstieg
  SV 09 Bergisch Gladbach
- Briefe aus Panama ins Bergische Land
- Geschichte des Marienkrankenhauses
- Jahreschronik 2011/2012

Hardcover, 288 Seiten mit über 260 Abbildungen, 14,60 Euro
ISBN 978-3-87314-468-2

Joh. Heider Verlag GmbH
Paffrather Straße 102–116 · 51465 Bergisch Gladbach
www.heider-verlag.de
Telefonische Bestellung (0 22 02) 95 40 35